AF312770

ERRATA.

ATLAS.

Fig. 17, pl.   XXX. Les dimensions en centimètres représentent des dimensions en pouces anglais.

Fig. 9, pl.   XXXV. Prolongez jusqu'à l'escarpe du couvre-face, les deux boyaux situés à droite et à gauche de la poterne z z.

Fig. 14, pl. XXXVII. L'empreinte entre les n°s 3 et 13, doit porter le n° 18 au lieu du n° 17.

ÉTUDES

sur

LA DÉFENSE DES ÉTATS

et sur

LA FORTIFICATION

par

A. Brialmont.

Atlas.

BRUXELLES,

IMPRIMERIE ET LITHOGRAPHIE DE E. GUYOT,

RUE DE PACHÉCO, 12.

1863

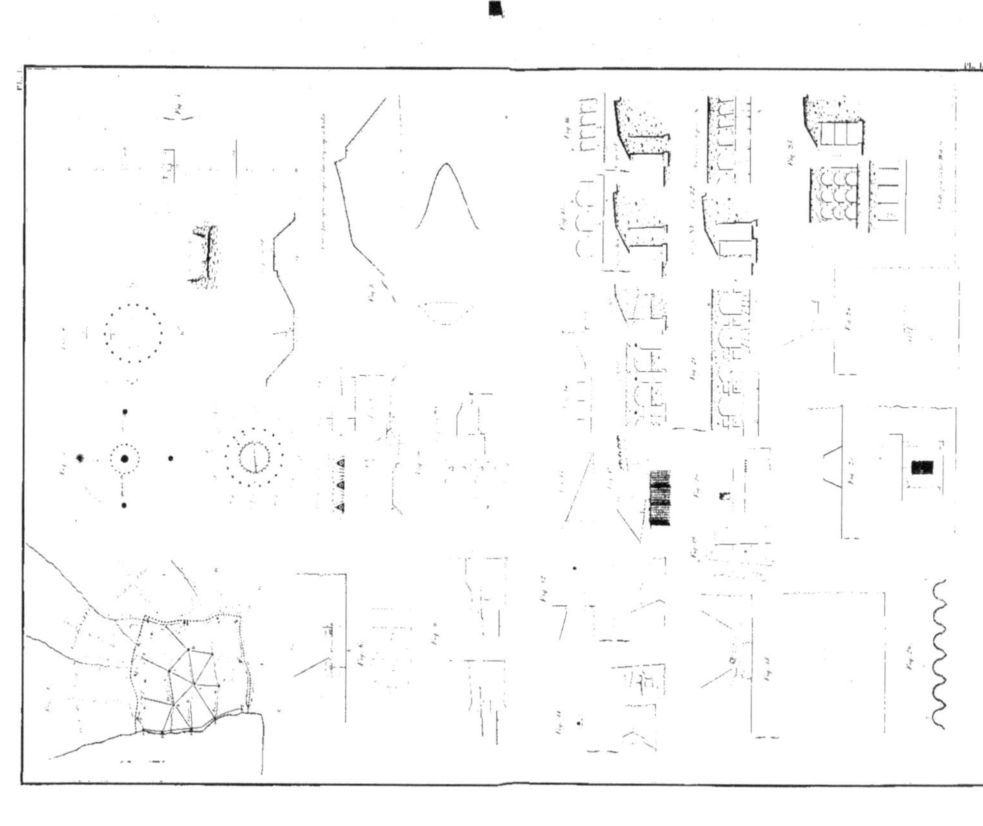

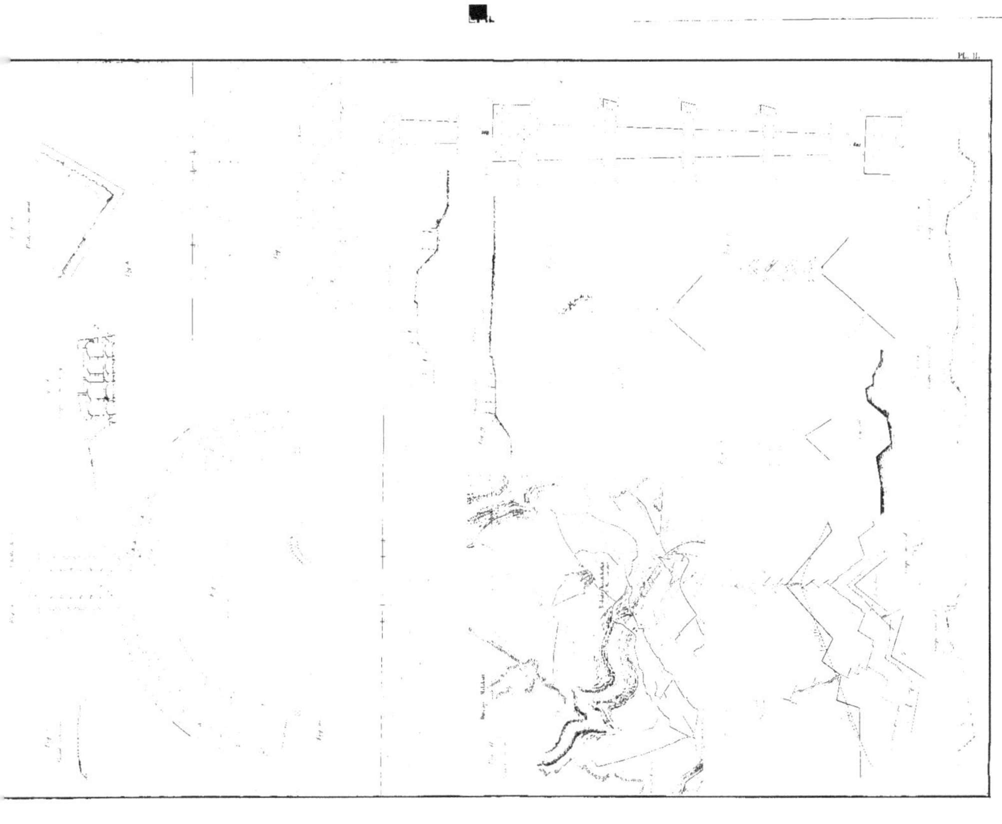

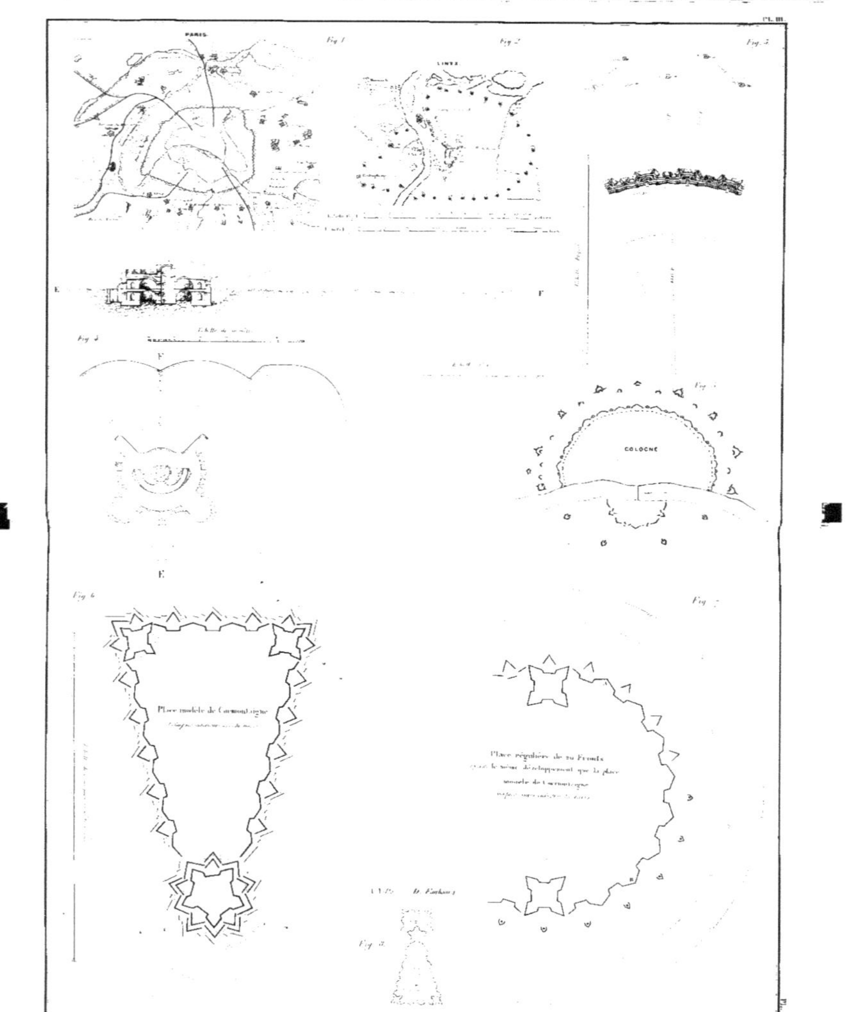
PARIS.
LINTZ
COLOGNE
Place modèle de Carmontaigne
Place régulière de six Fronts
Fig. 1
Fig. 2
Fig. 3
Fig. 4
Fig. 5
Fig. 6
Fig. 7
Fig. 8

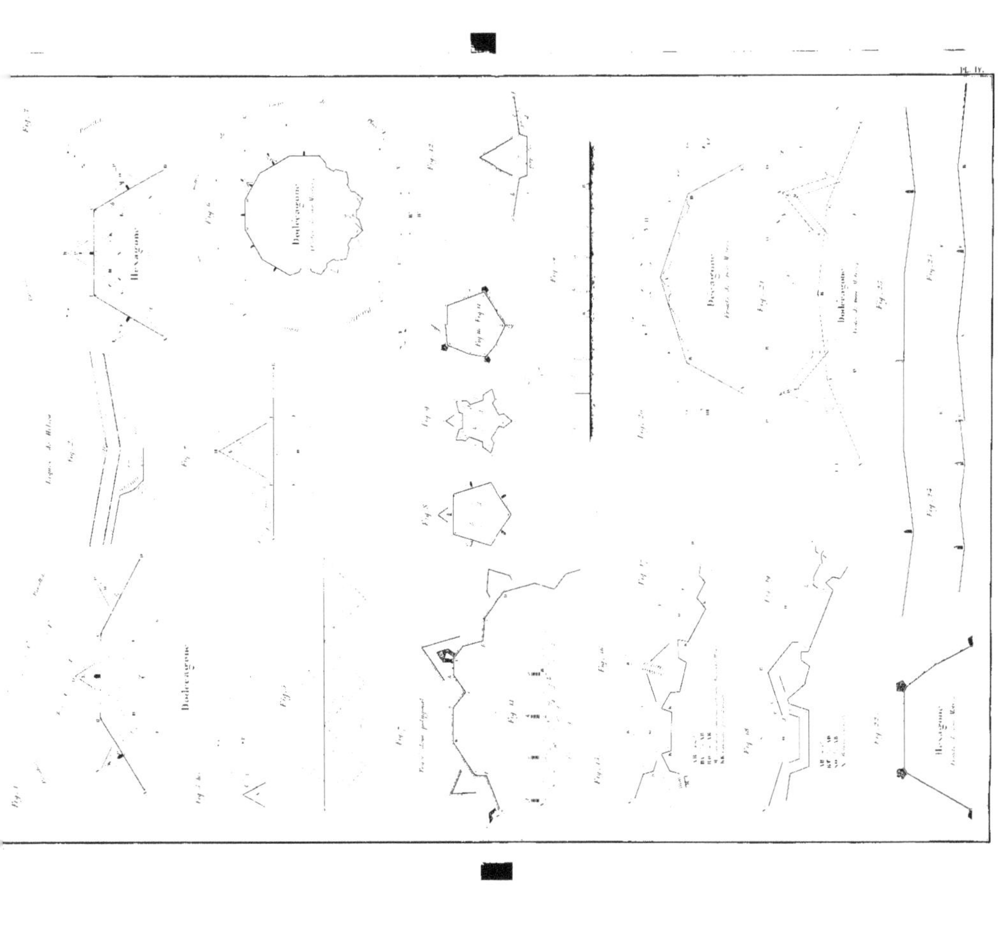

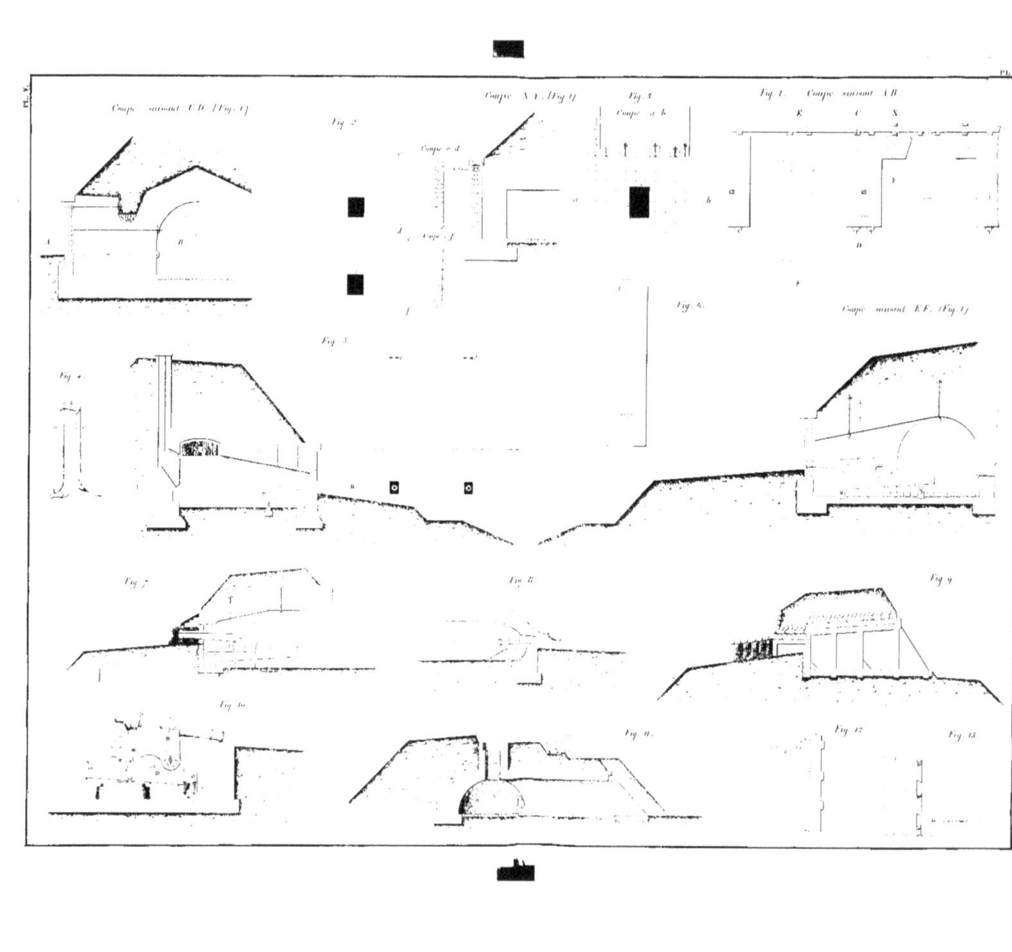
Pl. V.
Coupe suivant C D. (Fig. 1)
Fig. 2.
Coupe X V. (Fig. 1)
Fig. 3.
Fig. 1. Coupe suivant A B.
Coupe a b.
Coupe suivant E F. (Fig. 1)
Fig. 5.
Fig. 6.
Fig. 7.
Fig. 8.
Fig. 9.
Fig. 10.
Fig. 11.
Fig. 12.
Fig. 13.

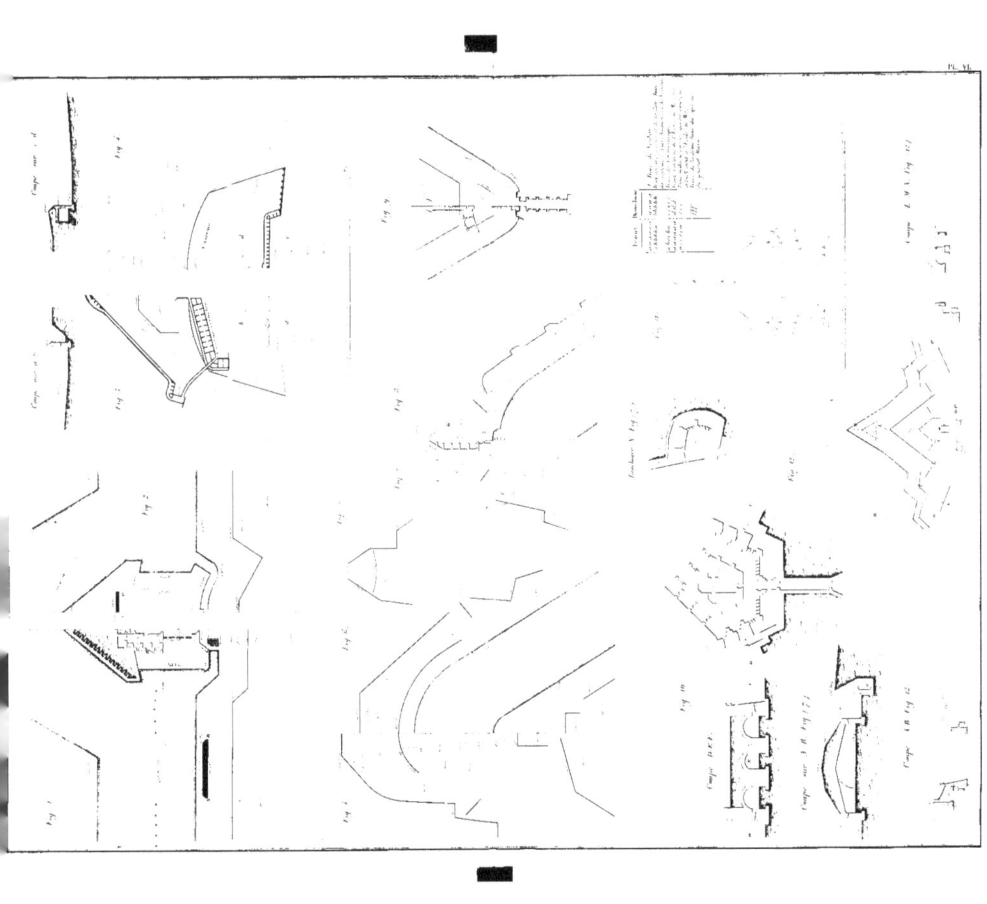

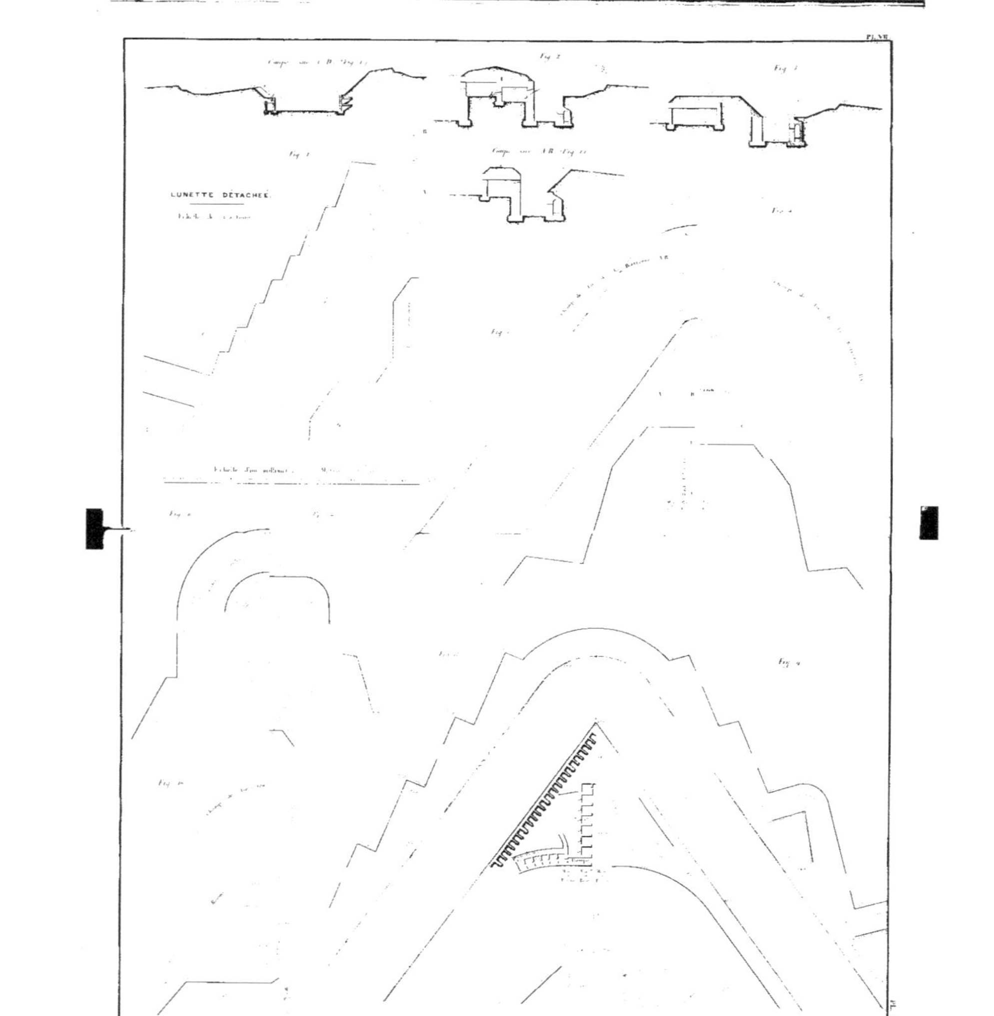
PL. VII
LUNETTE DÉTACHÉE.

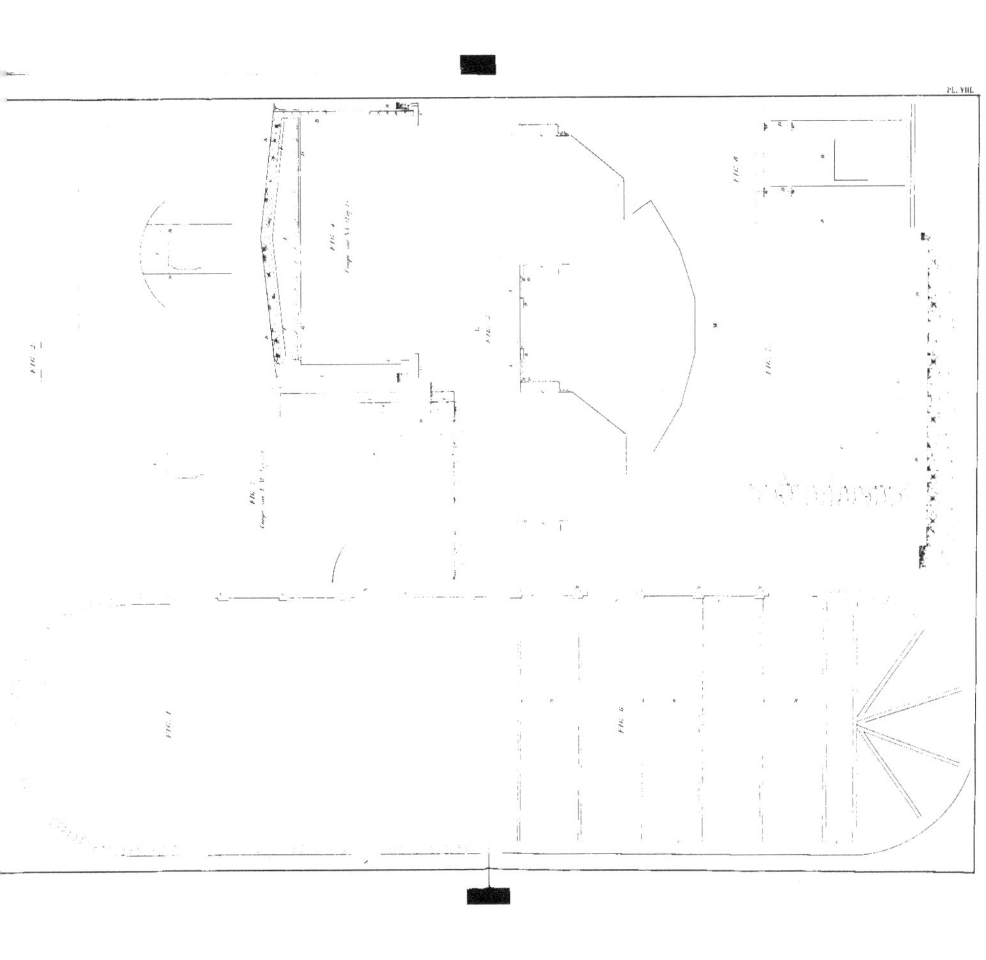

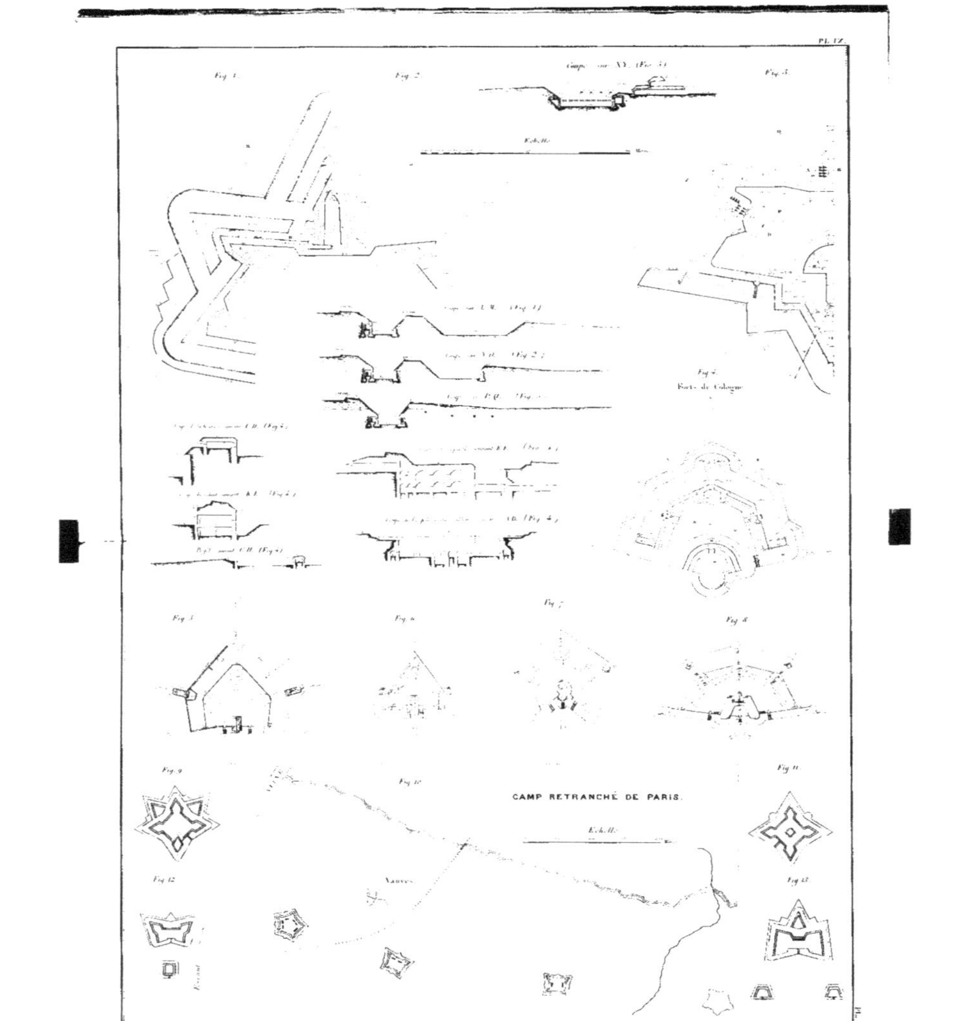

Fig. 1.
Fig. 2.
Coupe sur XY. (Fig. 11)
Fig. 3.
Échelle
Fig. 4.
Fort de Cologne
CAMP RETRANCHÉ DE PARIS.
Échelle
Fig. 5.
Fig. 6.
Fig. 7.
Fig. 8.
Fig. 9.
Fig. 10.
Fig. 11.
Fig. 12.
Fig. 13.
Nanteuil

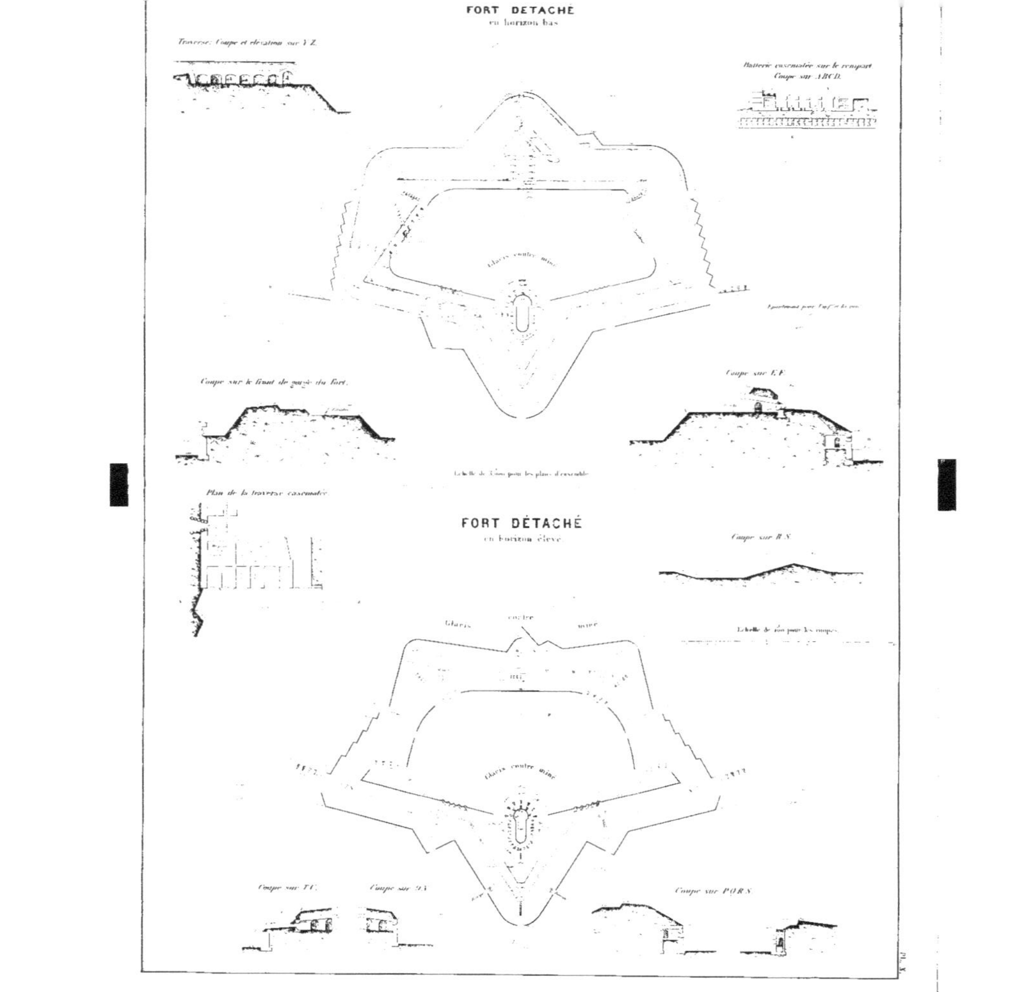

FORT DÉTACHÉ
en horizon bas
Traverse. Coupe et élévation sur Y Z.
Batterie casematée sur le rempart
Coupe sur A B C D.
Glacis contre-mine
Appartement pour l'officier à pied
Coupe sur le fossé de gorge du fort.
Coupe sur E F.
Échelle de 1 mm pour les plans d'ensemble
Plan de la traverse casematée.
FORT DÉTACHÉ
en horizon élevé
Coupe sur R S.
Glacis   contre   mine
Échelle de 1 mm pour les coupes
Glacis contre mine
Coupe sur T U.
Coupe sur 2 3.
Coupe sur P Q R S.
Pl. X.

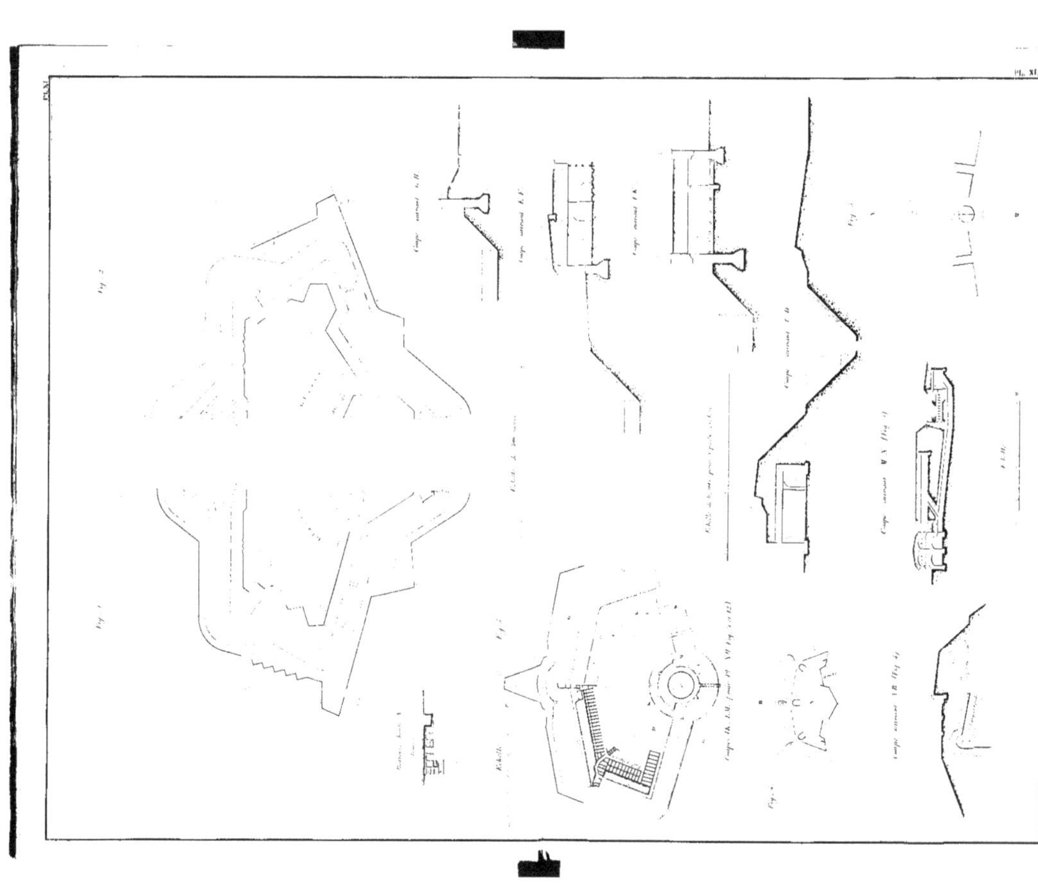

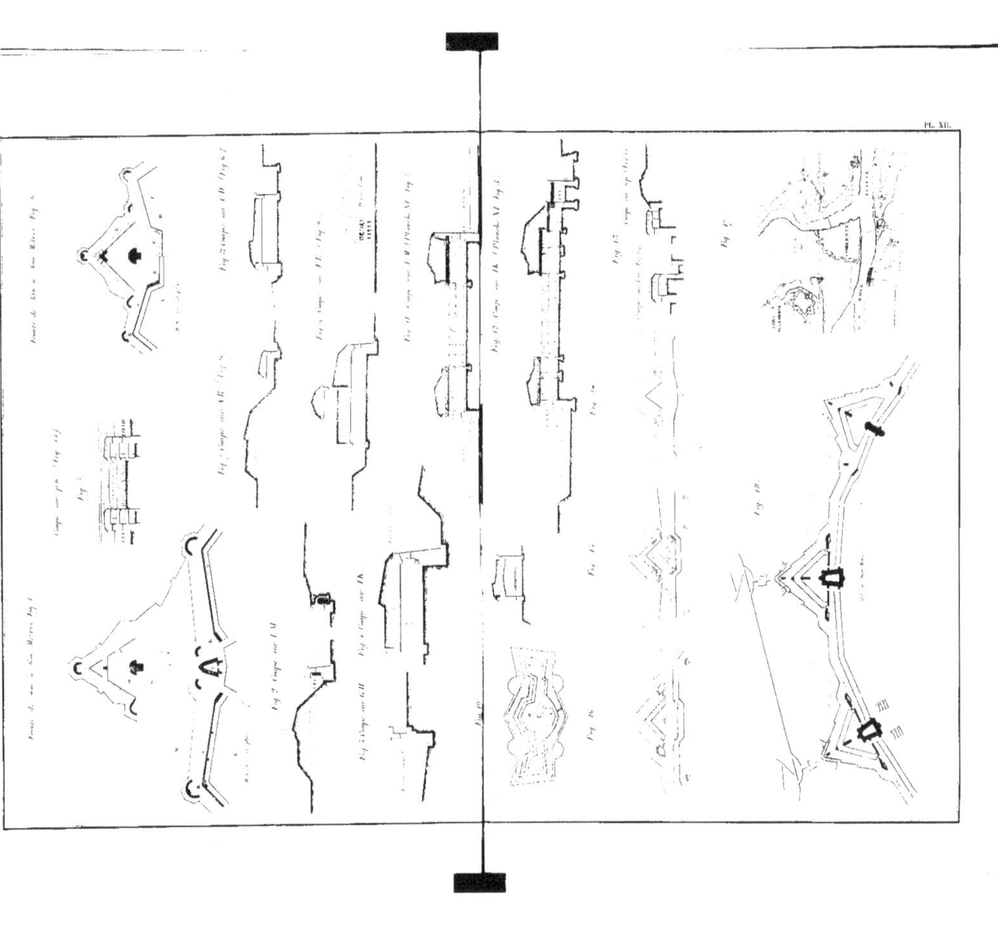

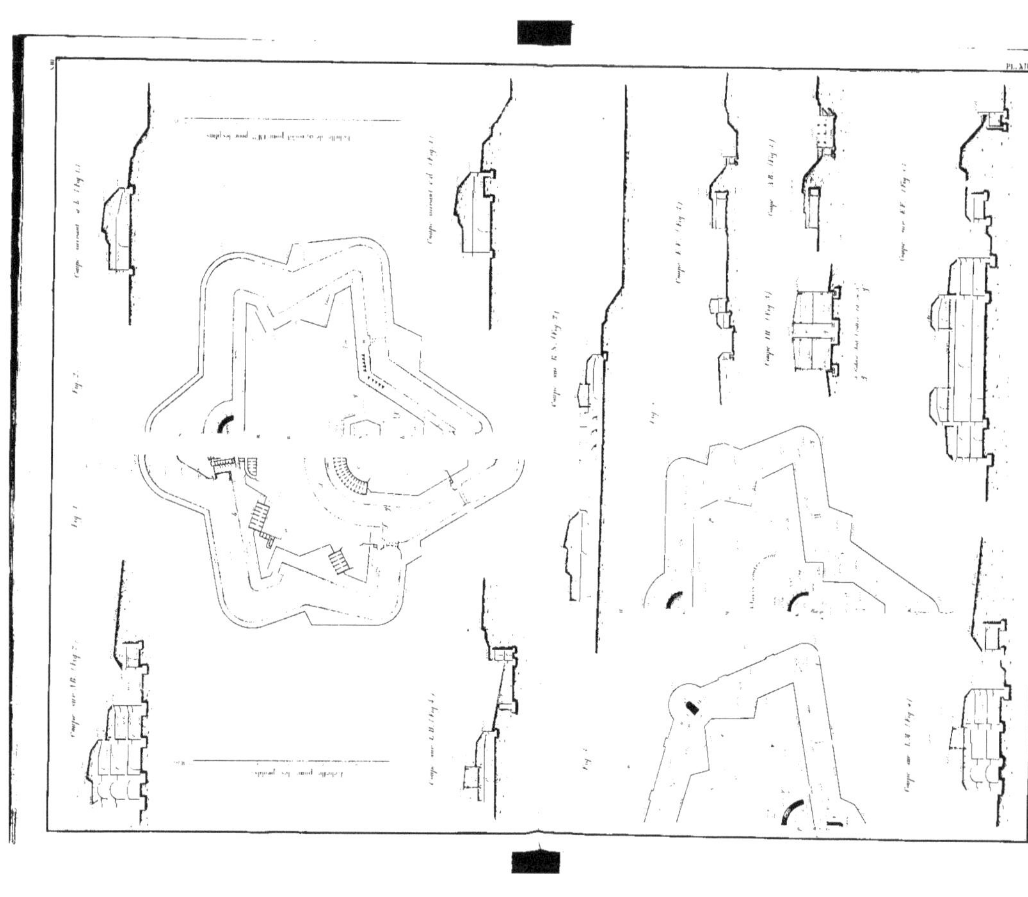

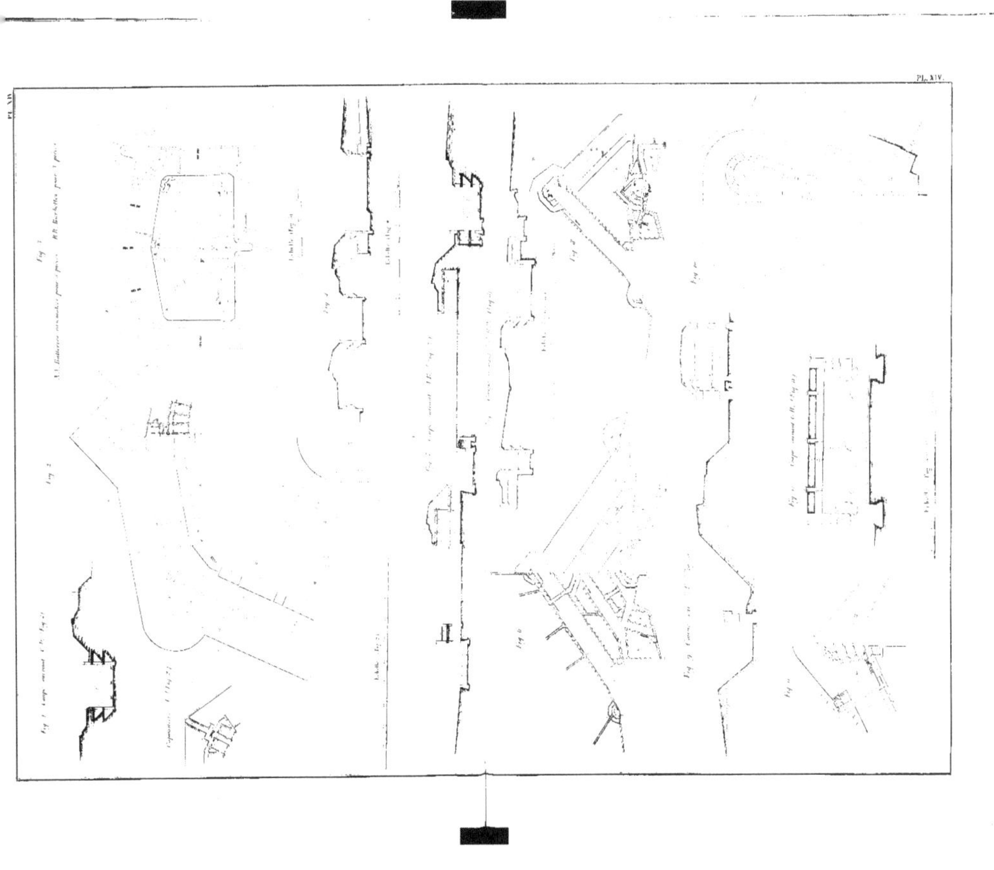

RÉDUIT ET DÉTAILS DE MAÇONNERIE DES FORTS.

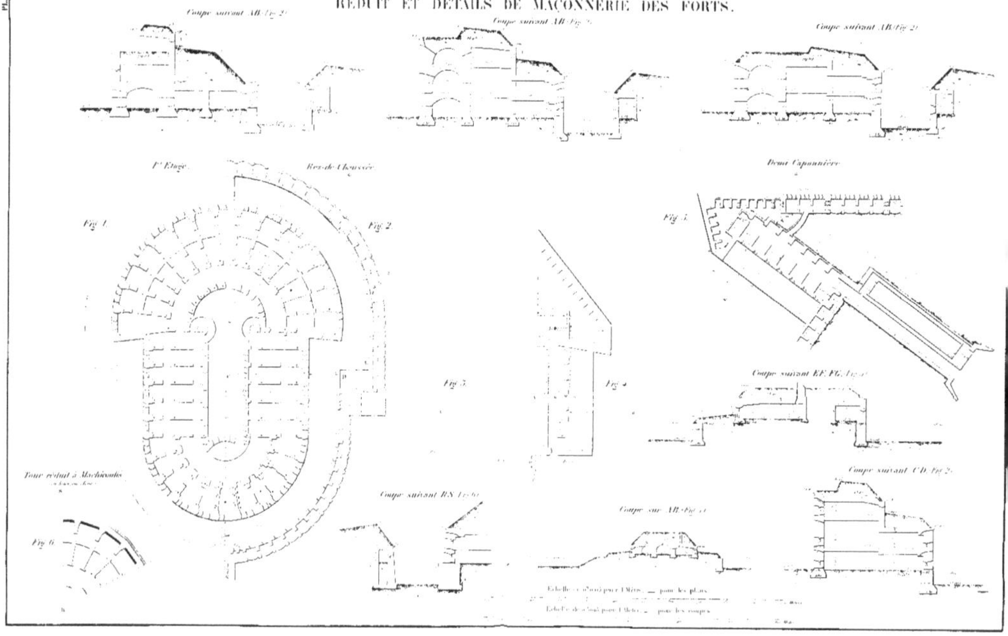

Coupe suivant AB. Fig. 2.

Coupe suivant AB. Fig. 2.

Coupe suivant AB. Fig. 2.

1.er Étage.

Rez-de-Chaussée.

Demi Caponnière.

Fig. 1.

Fig. 2.

Fig. 3.

Fig. 5.

Fig. 3.

Fig. 4.

Coupe suivant EF. FG. Fig. 3.

Tour réduit à Machicoulis.

Coupe suivant RS. Fig. 1.

Coupe suivant CD. Fig. 2.

Coupe sur AB. Fig. 3.

Fig. 6.

Échelle de 0,001 pour 1 Mètre — pour les plans.

Échelle de 0,002 pour 1 Mètre — pour les coupes.

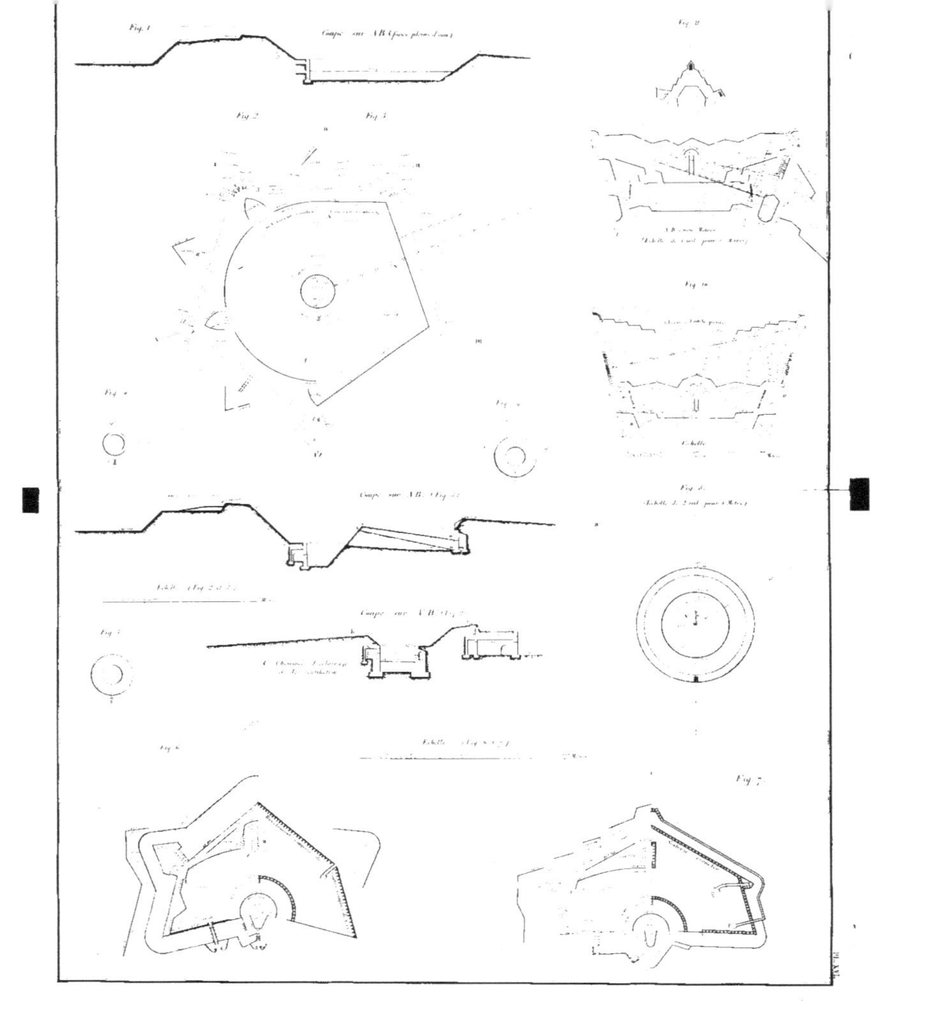

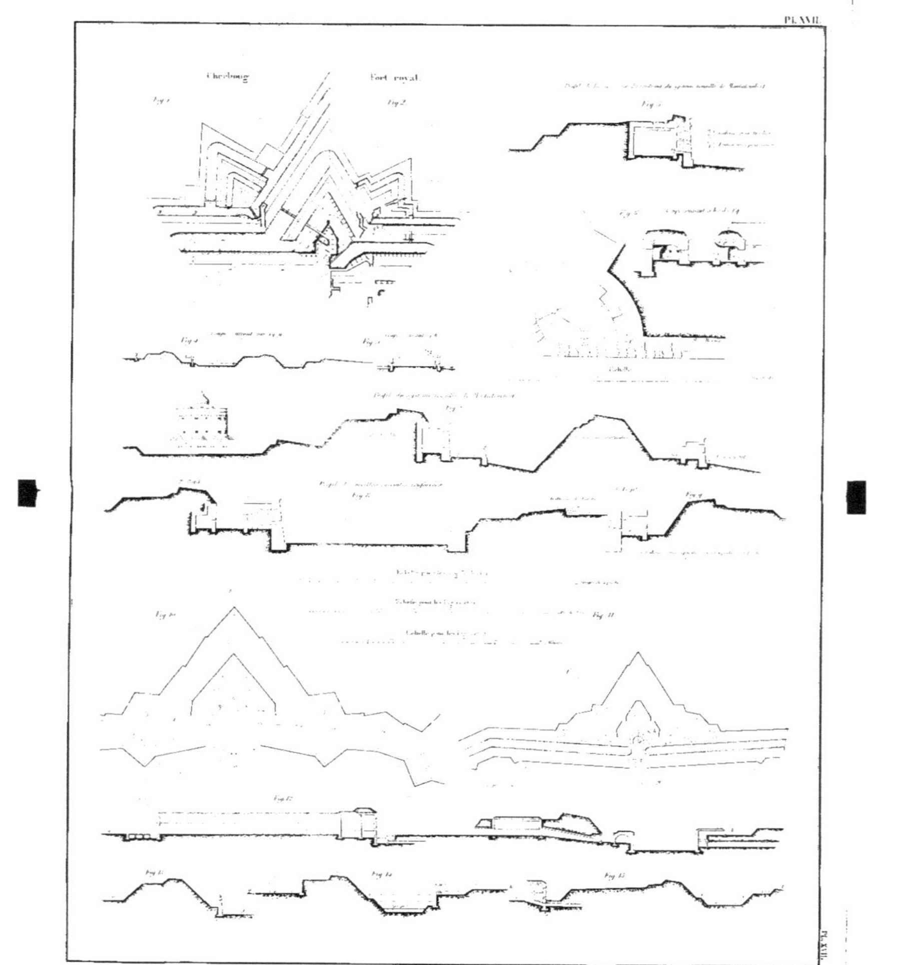
Cherbourg
Fort royal
Fig. 1.
Fig. 2.

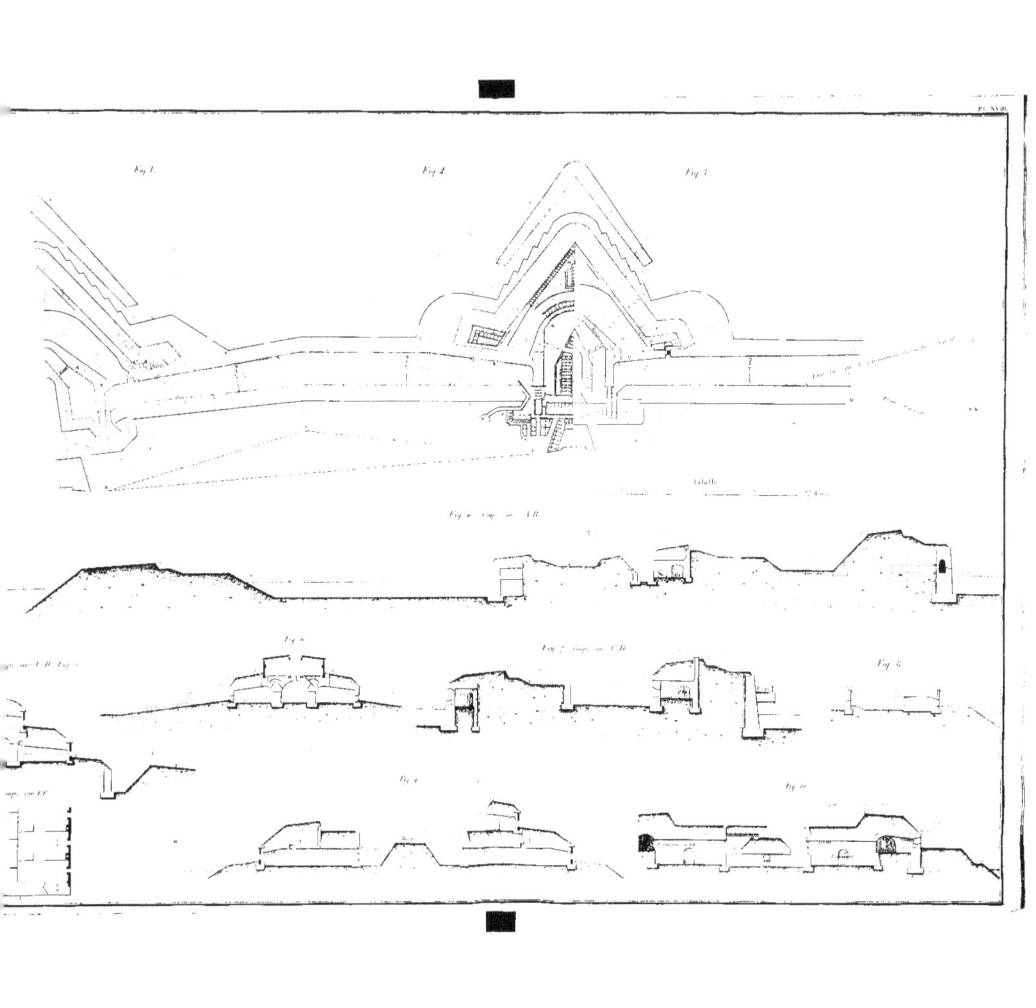
Fig. 1.
Fig. 2.
Fig. 3.
Echelle
Fig. 5. Coupe sur A.B
Fig. 6.
Fig. 7. Coupe sur C.D
Fig. 8.
Fig. 9.
Fig. 10.

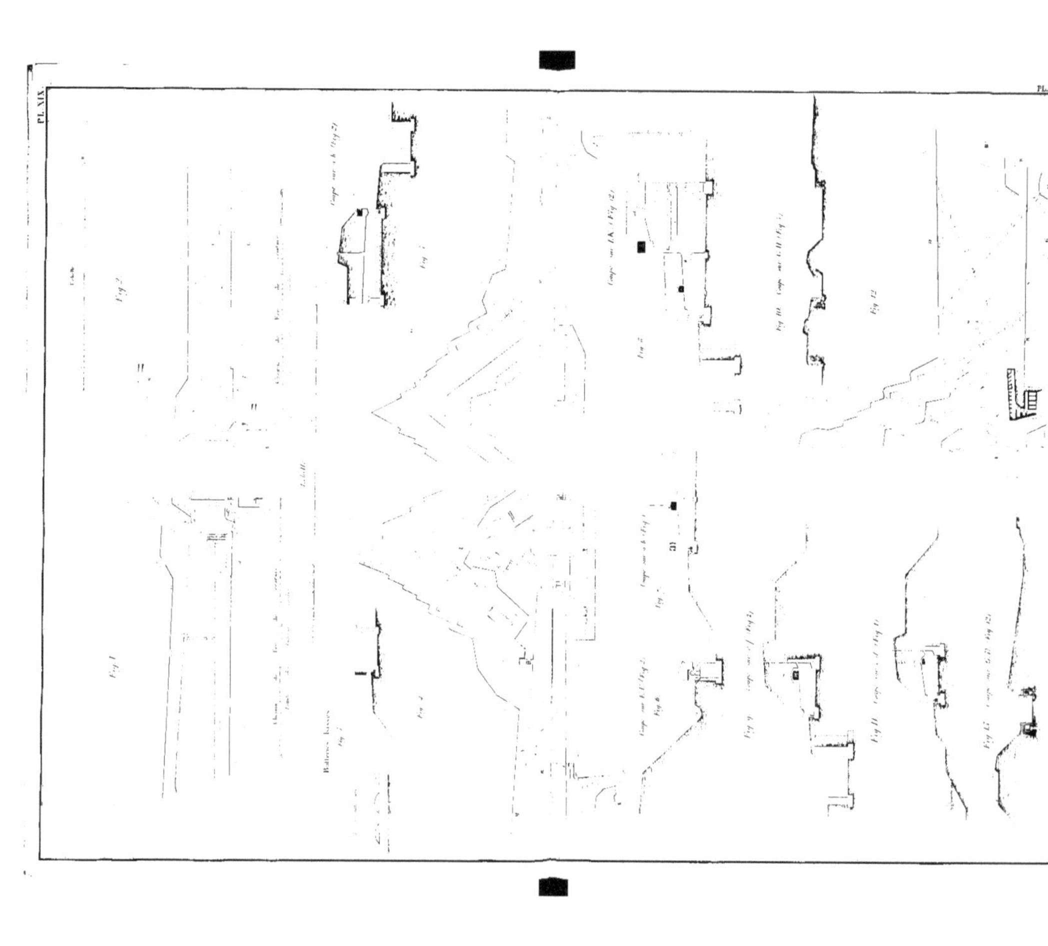

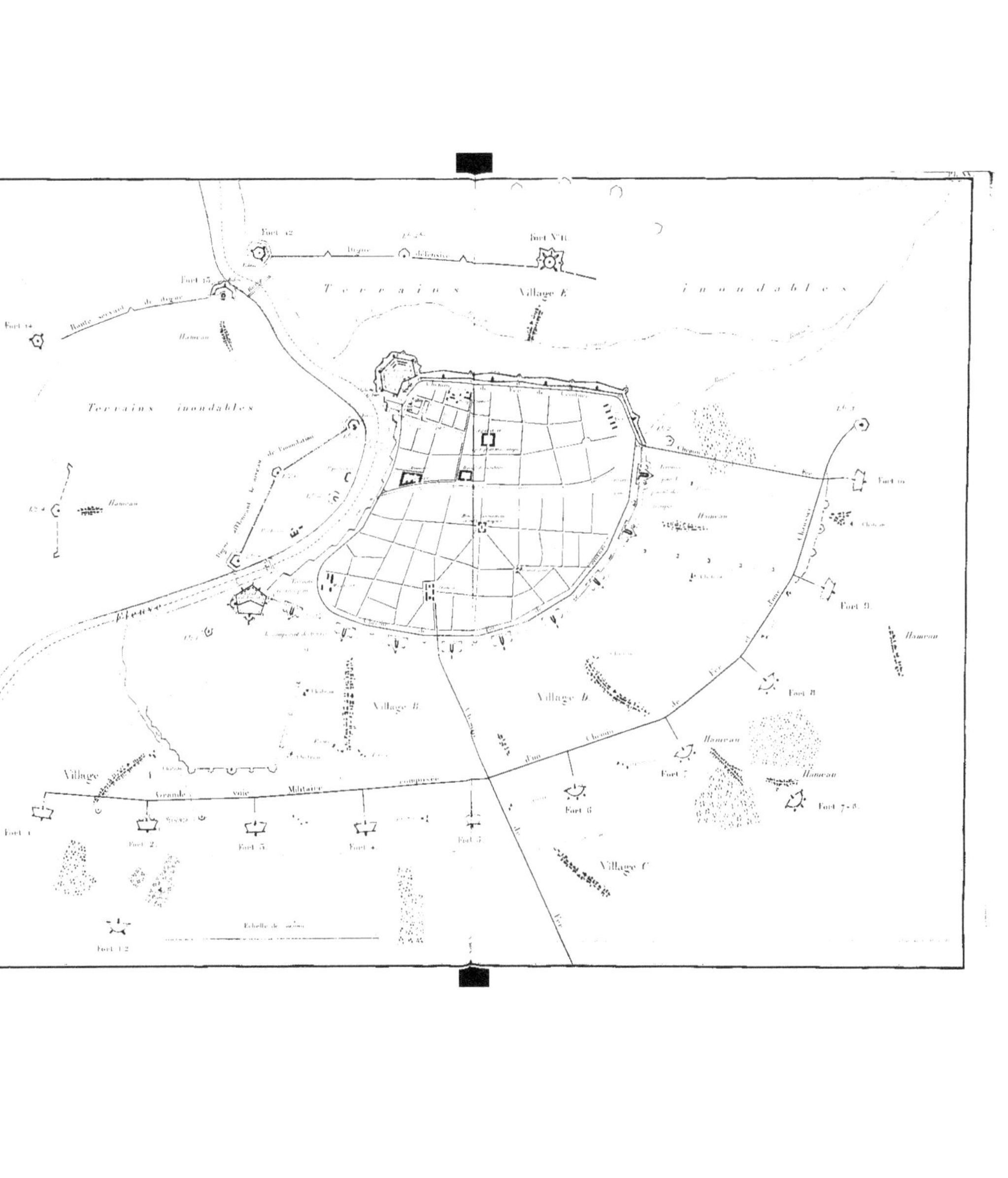

Fort 12
Fort N°11
Fort 13
Fort 14
Route servant de digue
Digue défensive
Terrains inondables
Village E
inondables
Hameau
Terrains inondables
Fleuve
Village B
Village D
Village
Grande voie Militaire composée
Hameau
Fort 1
Fort 2
Fort 3
Fort 4
Fort 5
Fort 6
Fort 7
Fort 7 et 8
Fort 9
Fort 10
Fort 11
Village C
Hameau
Echelle de mètres
Fort 12

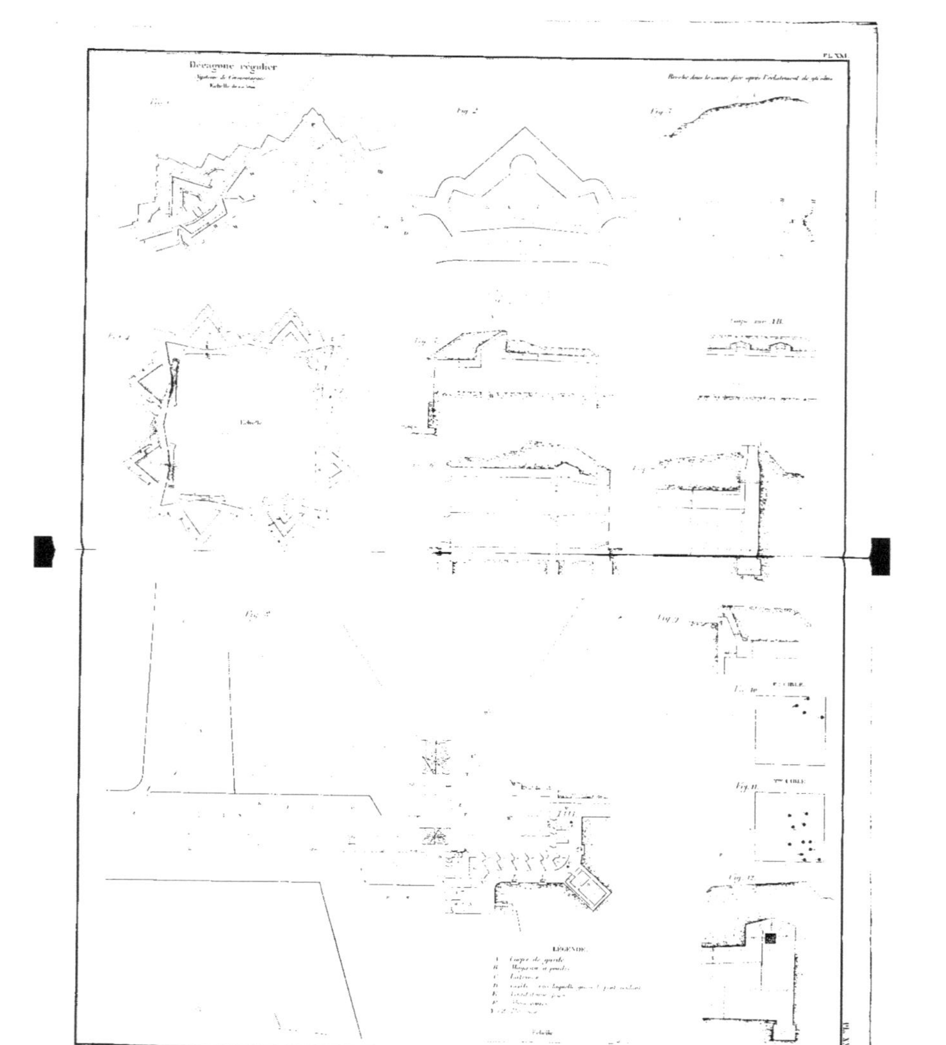

Pl. XXI
Décagone régulier
Fig. 1
Fig. 2
Fig. 3
Fig. 4
Fig. 5
Coupe sur AB
LÉGENDE
Echelle

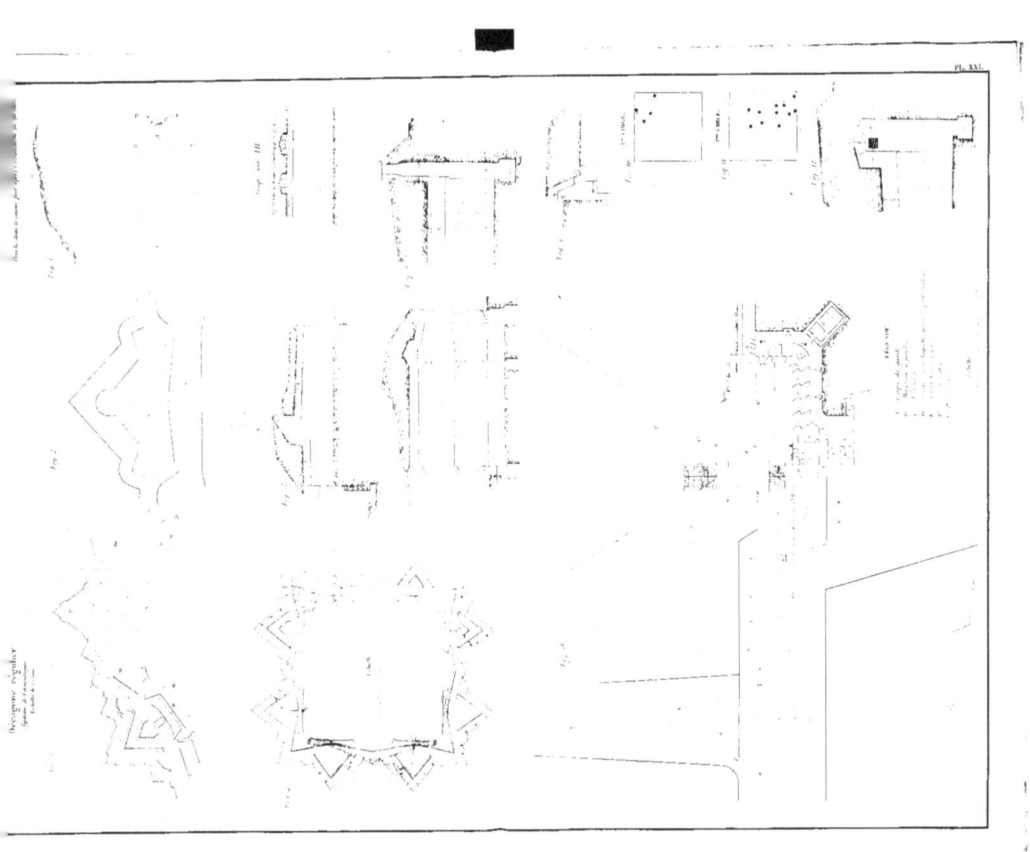

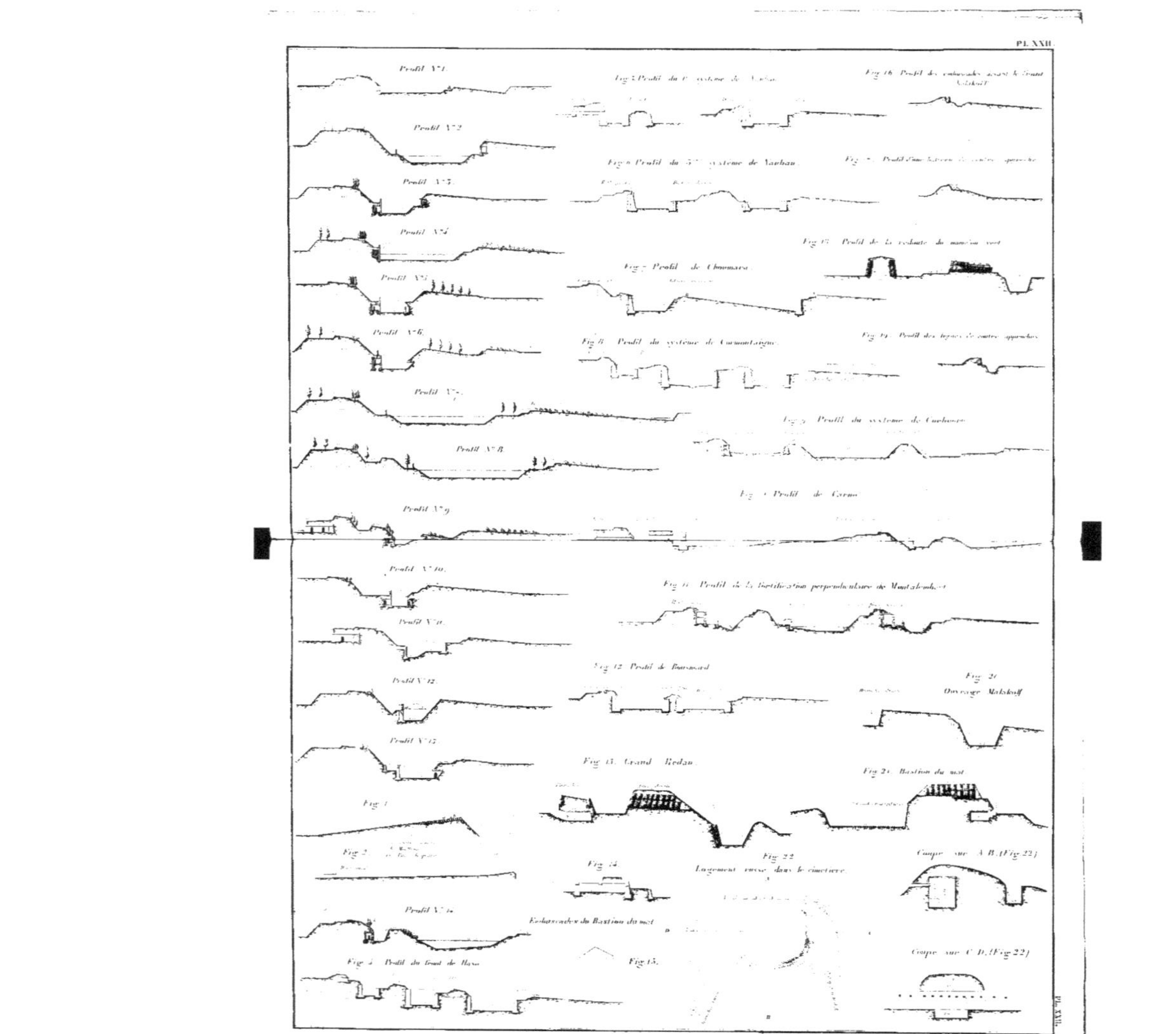
Profil N° 1.
Fig 5 Profil du 1.er système de Vauban.
Fig 16 Profil des embrasures devant le Grand Redan.
Profil N° 2.
Fig 6 Profil du 5.me système de Vauban.
Fig 7 Profil d'une batterie de contre approche.
Profil N° 3.
Fig 17 Profil de la redoute du mamelon vert.
Profil N° 4.
Fig 7 Profil de Chaumara.
Profil N° 5.
Fig 8 Profil du système de Coromantaigne.
Fig 14 Profil des log, de contre approches.
Profil N° 6.
Profil N° 7.
Fig 9 Profil du système de Cochoorn.
Profil N° 8.
Fig 1 Profil de Cormo.
Profil N° 9.
Fig 10 Profil de la fortification perpendiculaire de Montalembert.
Profil N° 10.
Profil N° 11.
Fig 12 Profil de Bousmard.
Fig 21 Ouvrage Malakoff.
Profil N° 12.
Profil N° 13.
Fig 13 Grand Redan.
Fig 20 Bastion du mat.
Fig 1.
Fig 2.
Fig 14.
Fig 22 Logement creusé dans le cimetière.
Coupe sur A B.(Fig 22)
Profil N° 14.
Retranchement du Bastion du mat.
Coupe sur C D.(Fig 22)
Fig 4 Profil du Grand de Haze.
Fig 15.

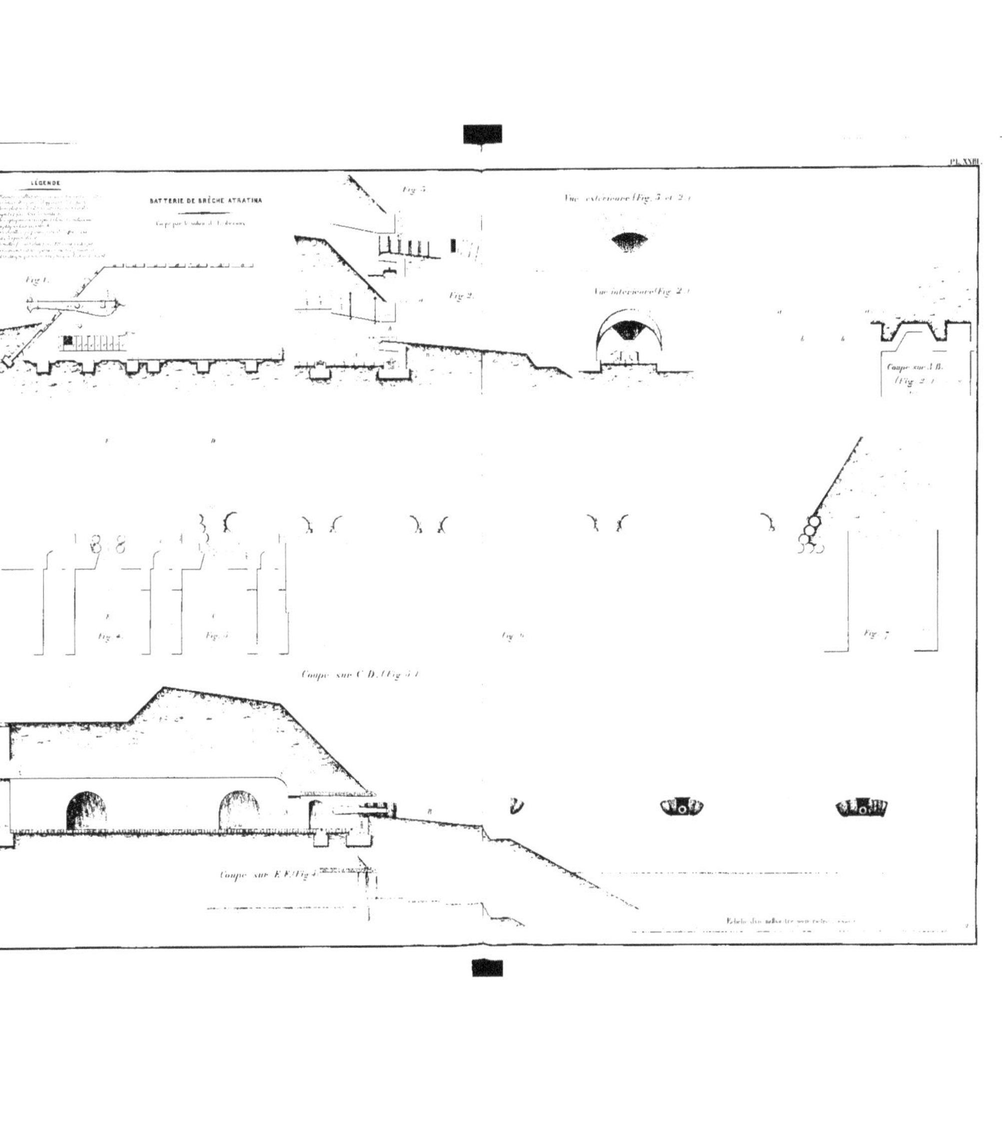

LÉGENDE
BATTERIE DE BRÈCHE ATRATINA
Coupe par le milieu et la descente
Fig. 1.
Fig. 3.
Fig. 2.
Vue extérieure (Fig. 3 et 2.)
Vue intérieure (Fig. 2.)
Coupe sur A B.
(Fig. 2.)
Fig. 4.
Fig. 5.
Fig. 6.
Fig. 7.
Coupe sur C D. (Fig. 3.)
Coupe sur E F. (Fig. 3.)
Échelle des mètres pour cette coupe.

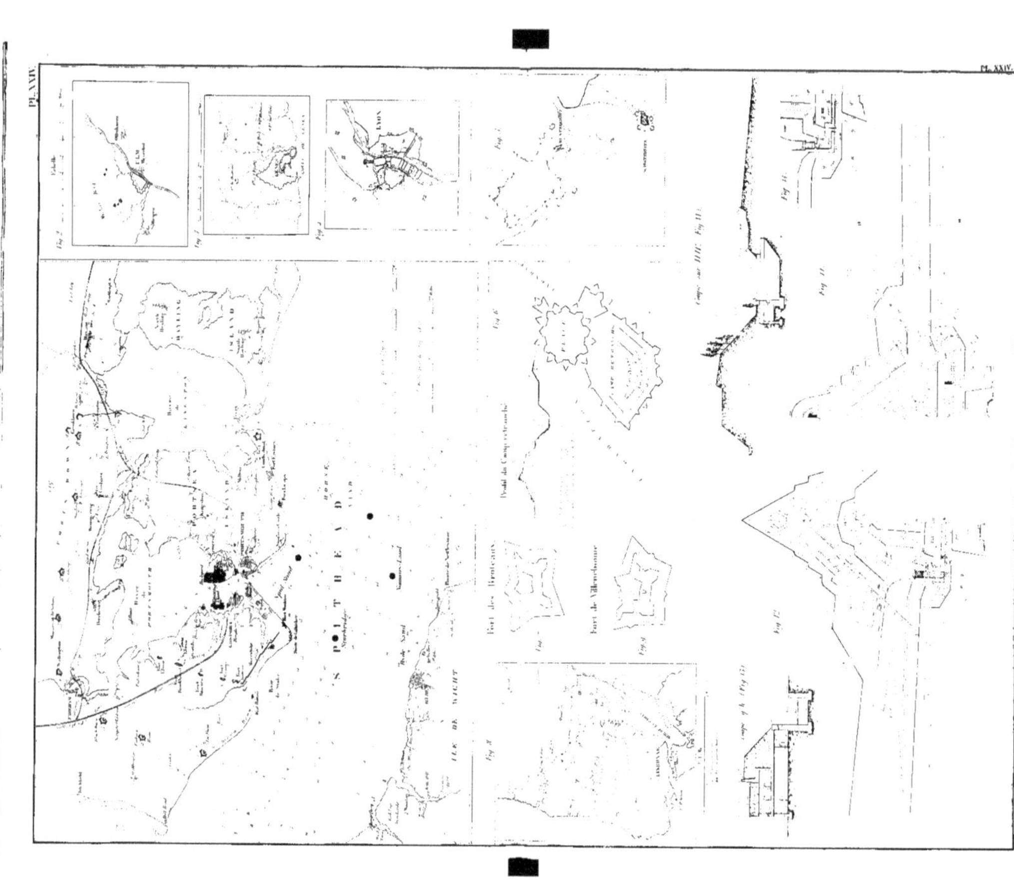

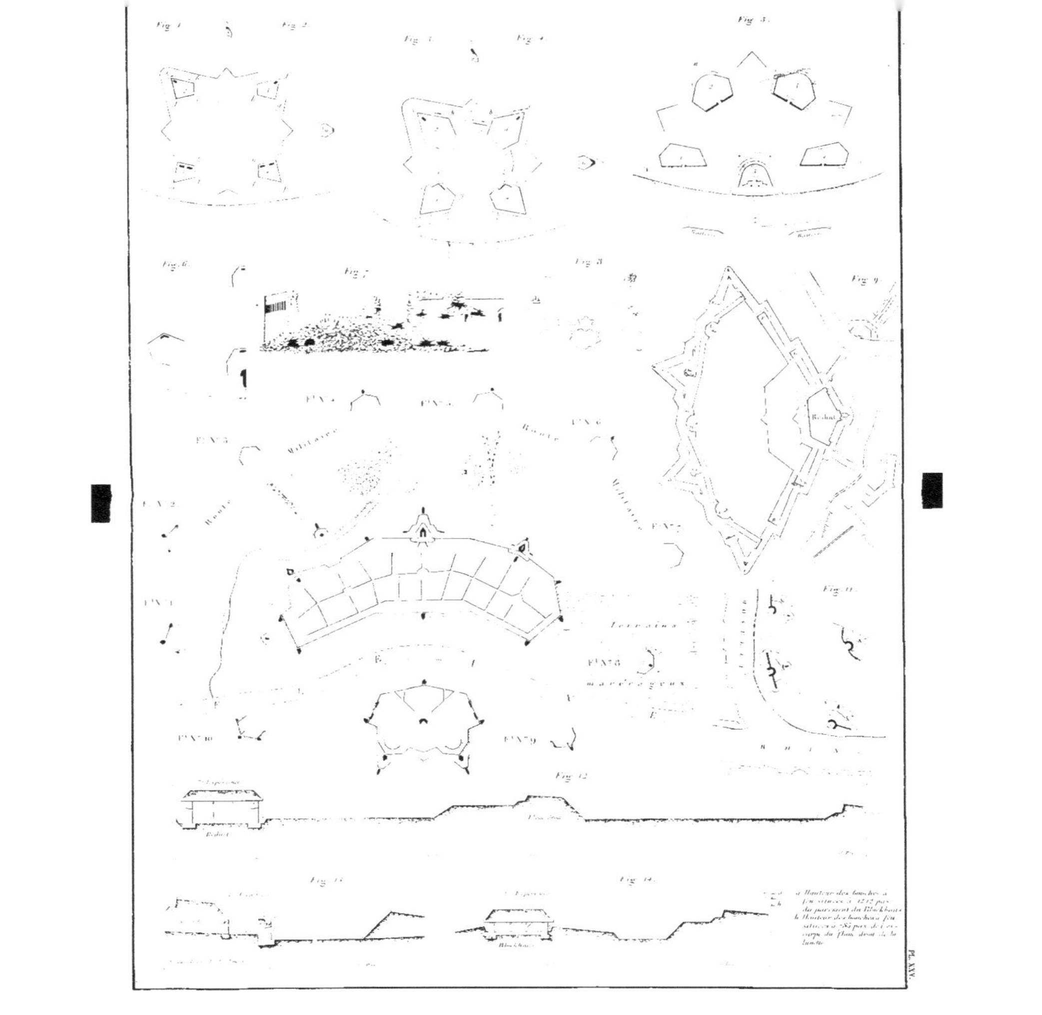
PL. XXV.

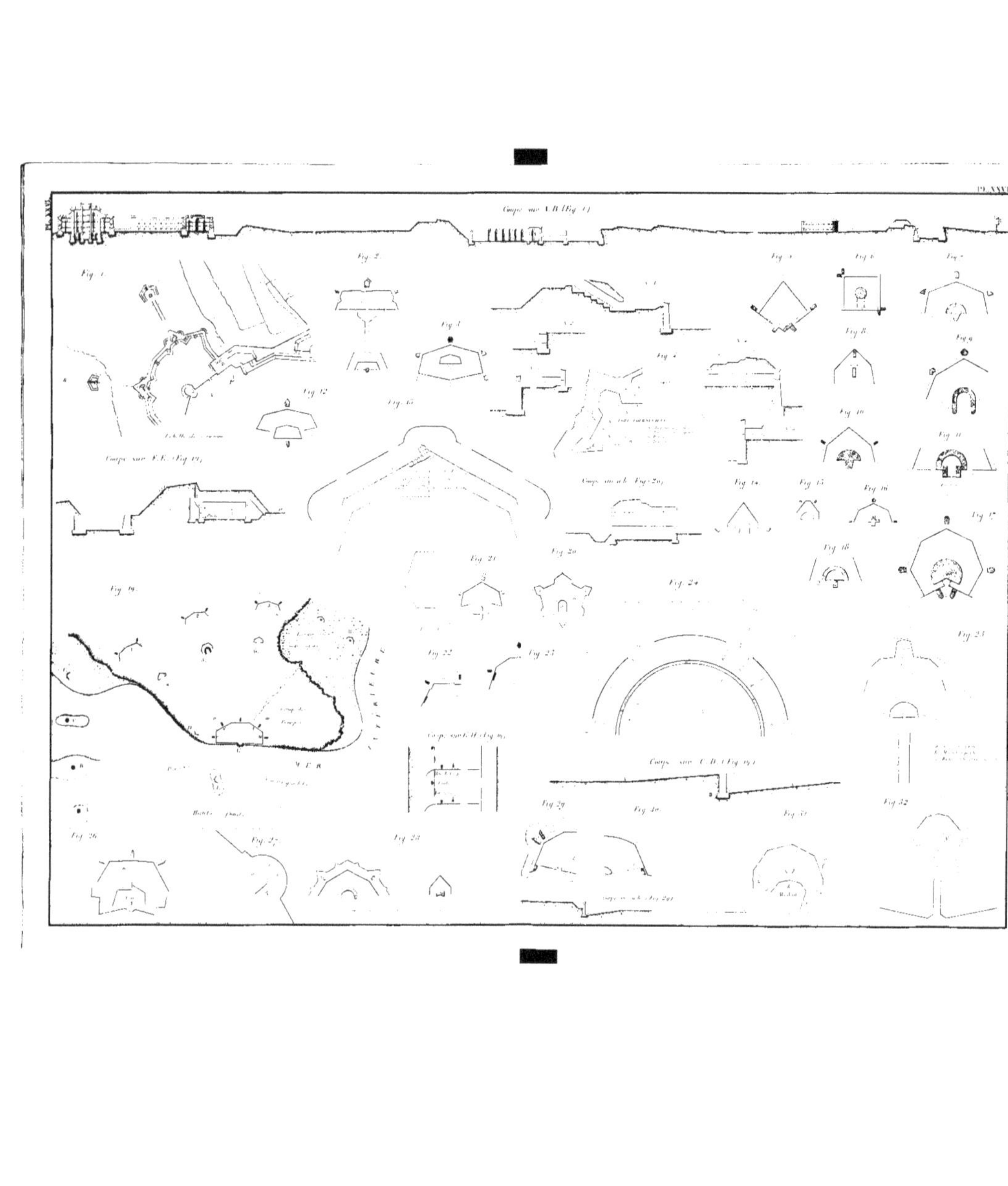

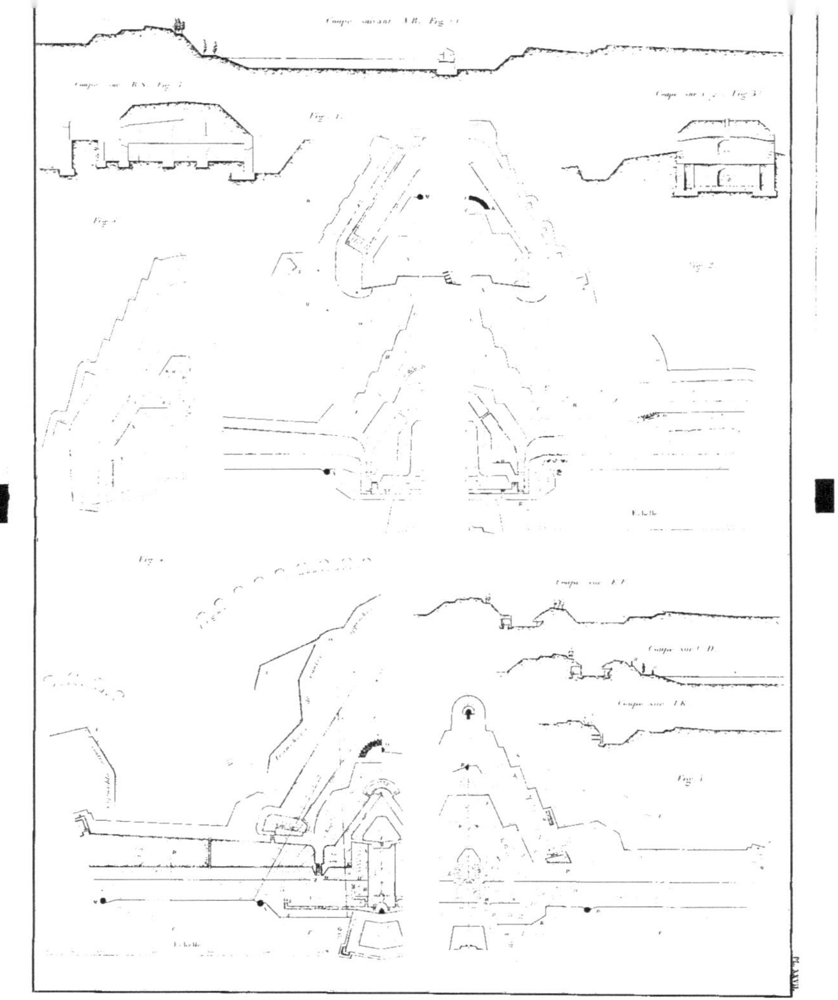
Coupe suivant A B. Fig.
Coupe sur B X. Fig.
Coupe sur ... Fig. 3
Fig.
Fig.
Echelle
Coupe sur E F
Coupe sur C D
Coupe sur E K
Fig.
Echelle
Pl. XXVII.

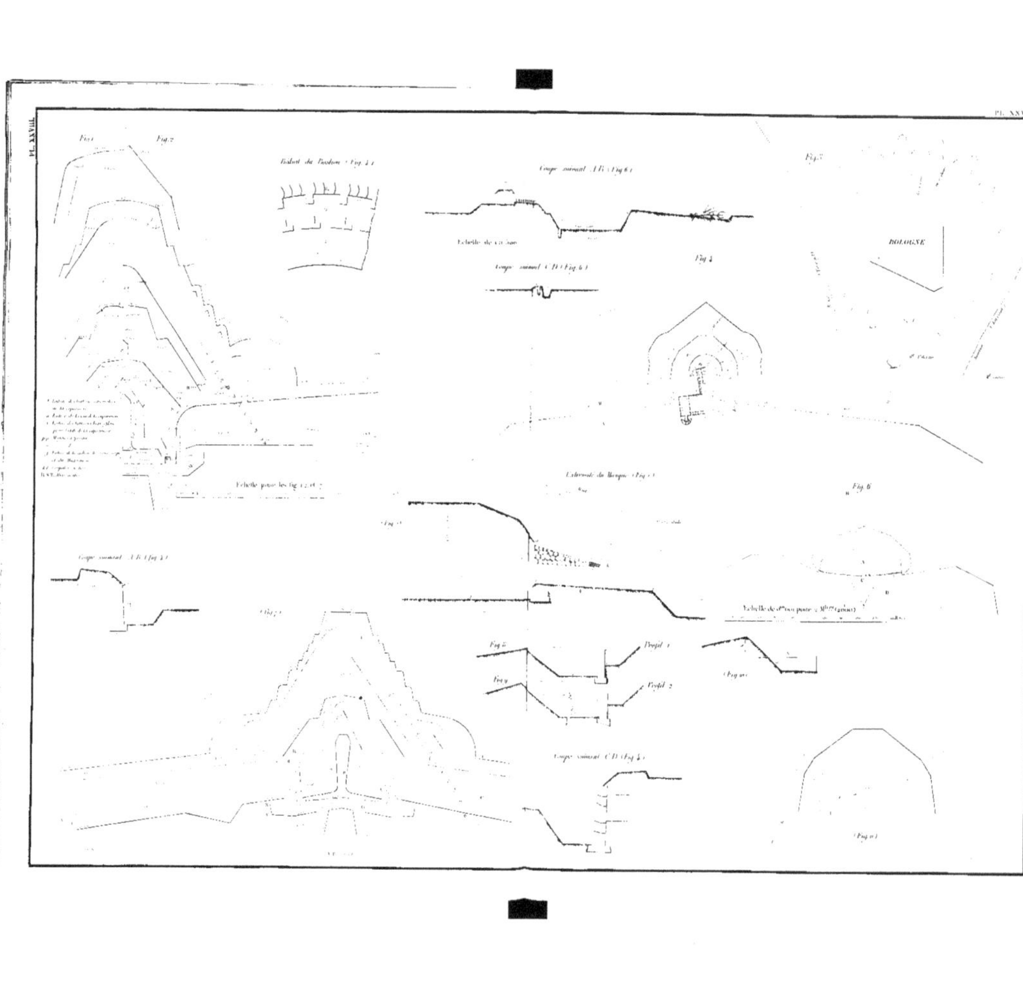
PL. XXV
BOLOGNE

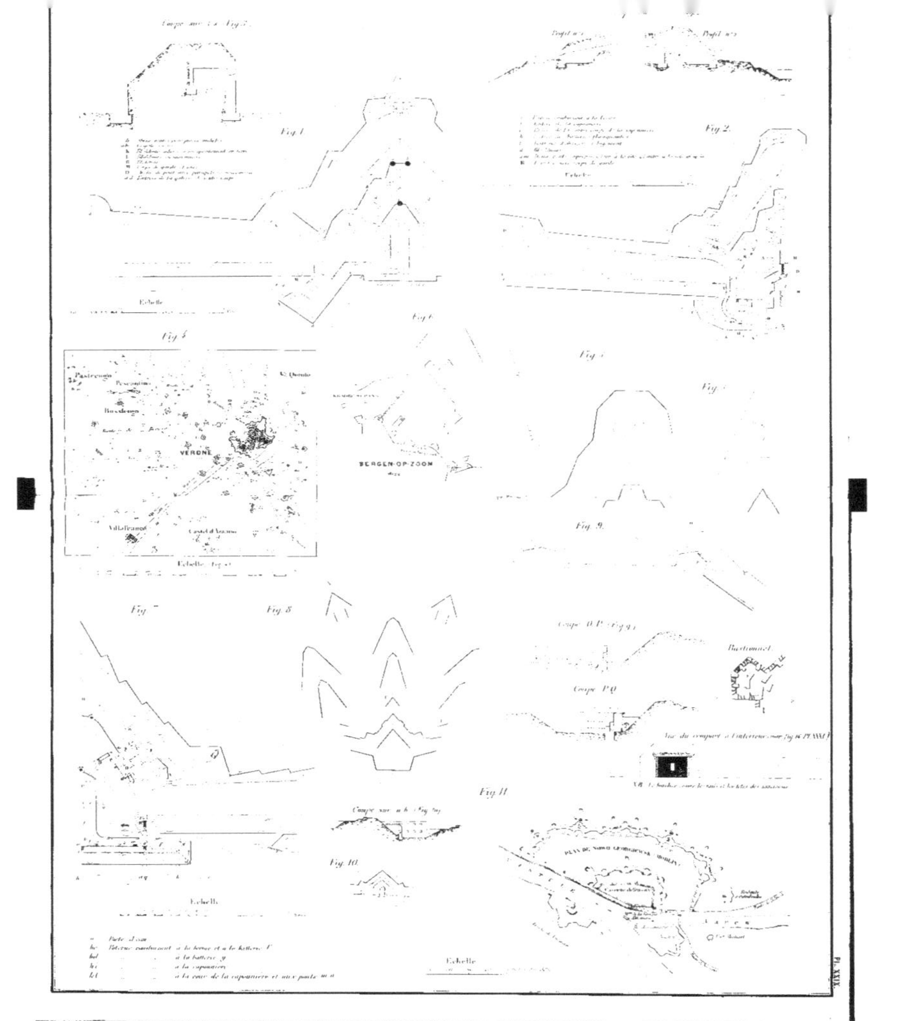
Coupe sur la Fig. 3.
Profil n° 1
Profil n° 2
Fig. 1
Fig. 2
Echelle
Echelle
Fig. 3
Fig. 6
Fig. 4
VERONE
Passerano
Buttapietra
BERGEN-OP-ZOOM
St. Quentin
V.d.la France
Castel d'Azano
Echelle. Fig. n° 4
Fig. 9.
Fig. 7
Fig. 8
Coupe H.I. Fig. 9.
Bastionnet
Coupe I.O.
Vue du rempart à l'intérieur. Voy. la Pl. XXX.
VII. Le tambour avec le mur et les têtes des sapasines
Coupe sur a b. Fig. 10.
Fig. 11
Fig. 10
PLAN DE MONT GEORGES DE MESLIN
Echelle
a   Porte d'eau
b   Poterne conduisant à la berme et à la batterie F
b'   à la batterie g
b''   à la caponnière
b'''   à la cour de la caponnière et aux ponts m n

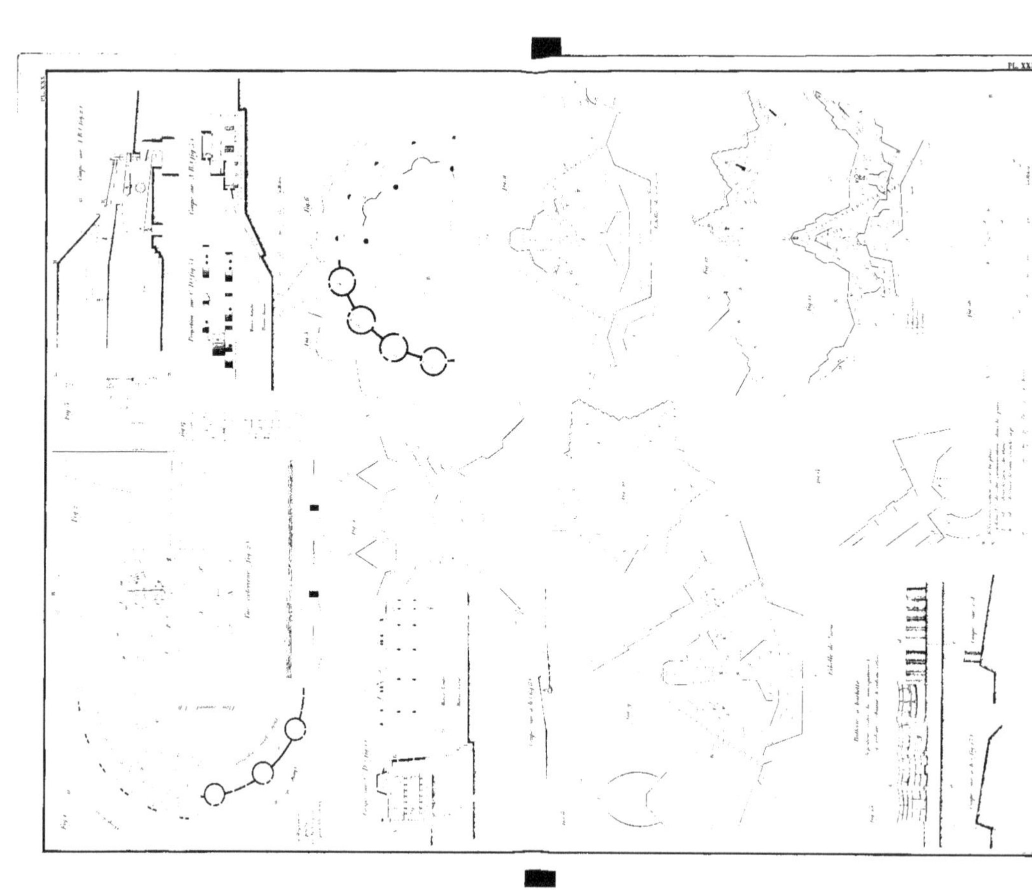

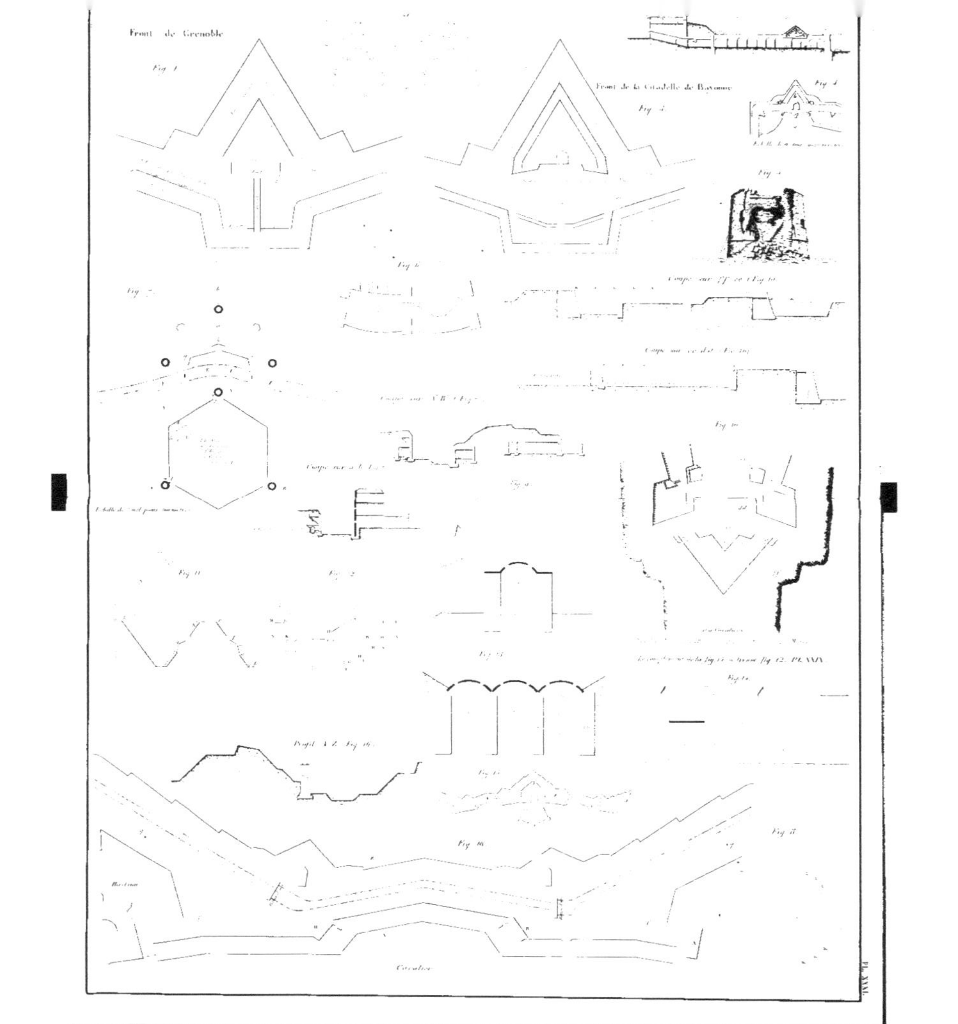

PL. XXXI.
Front de Grenoble
Fig. 1
Front de la Citadelle de Bayonne
Bastion
Escalier

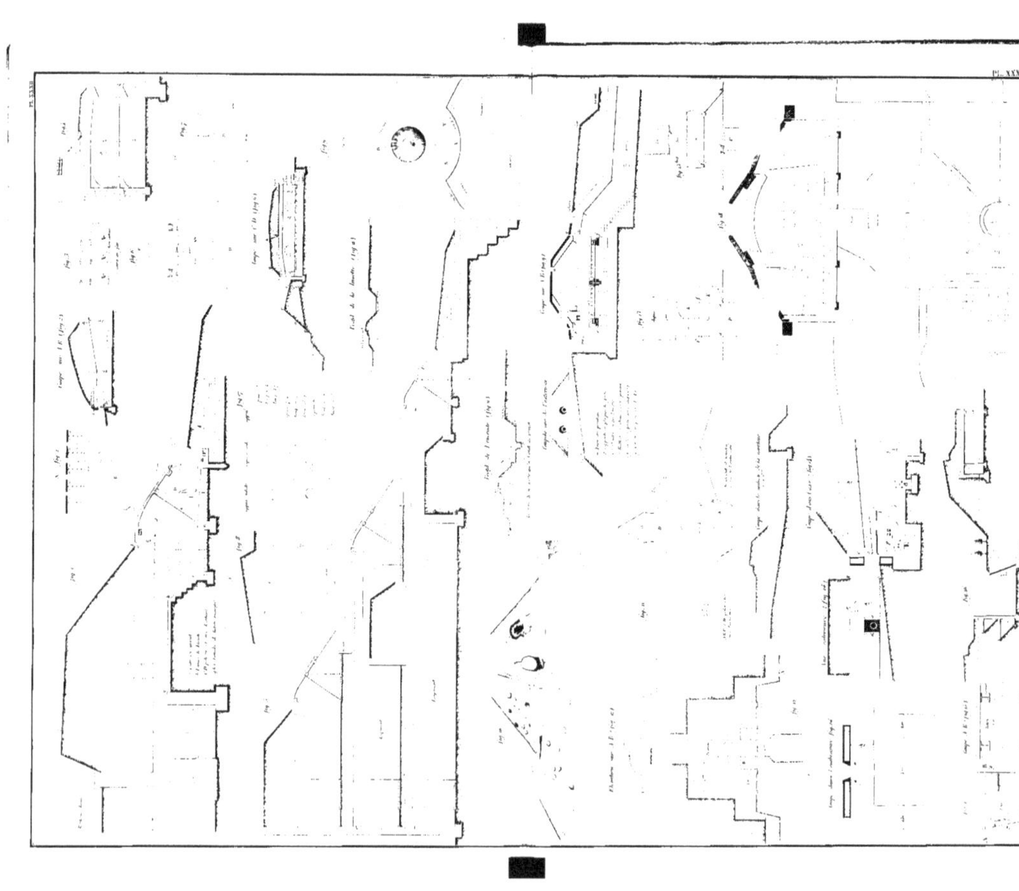

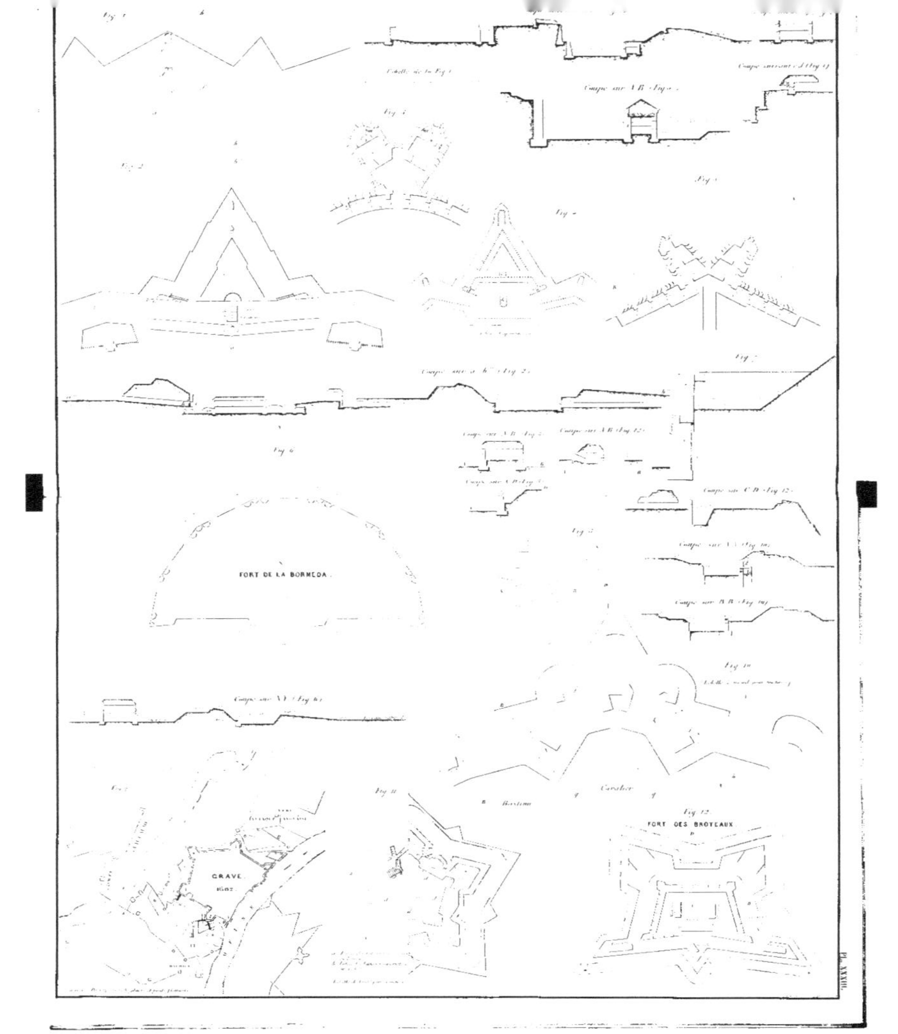

Pl. XXXIII.
FORT DE LA BORMEDA.
FORT DES BROTEAUX
GRAVE

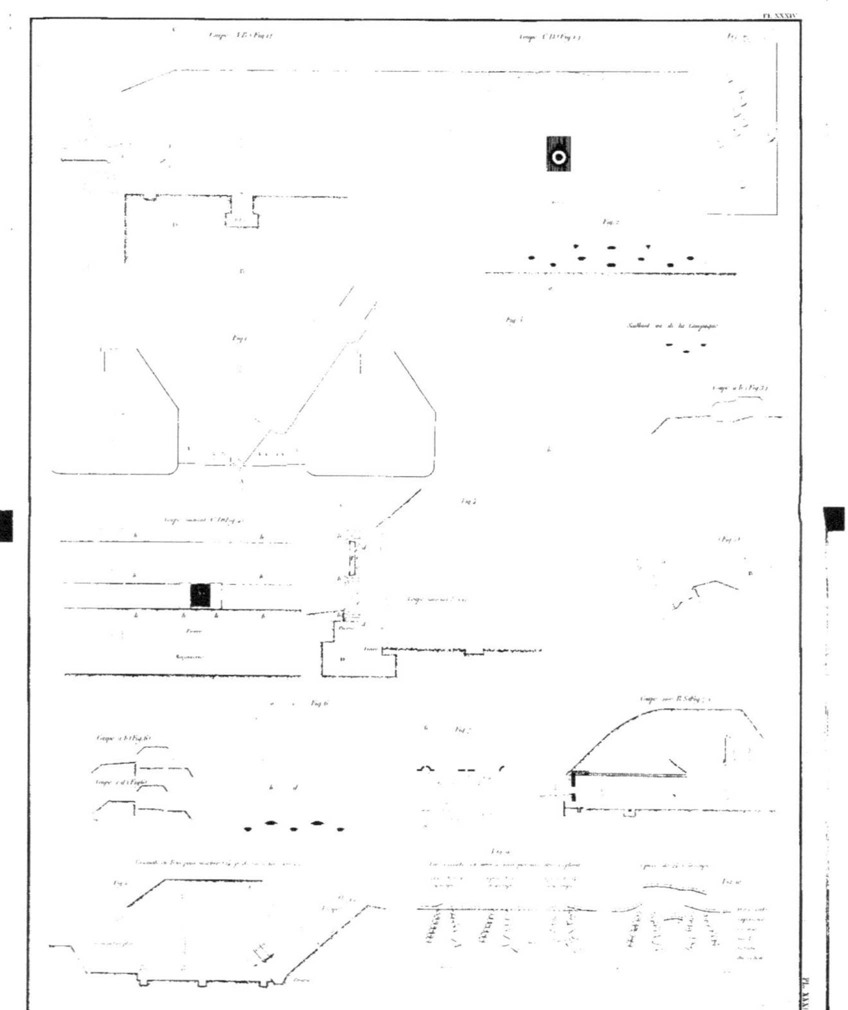
PL. XXXIV.

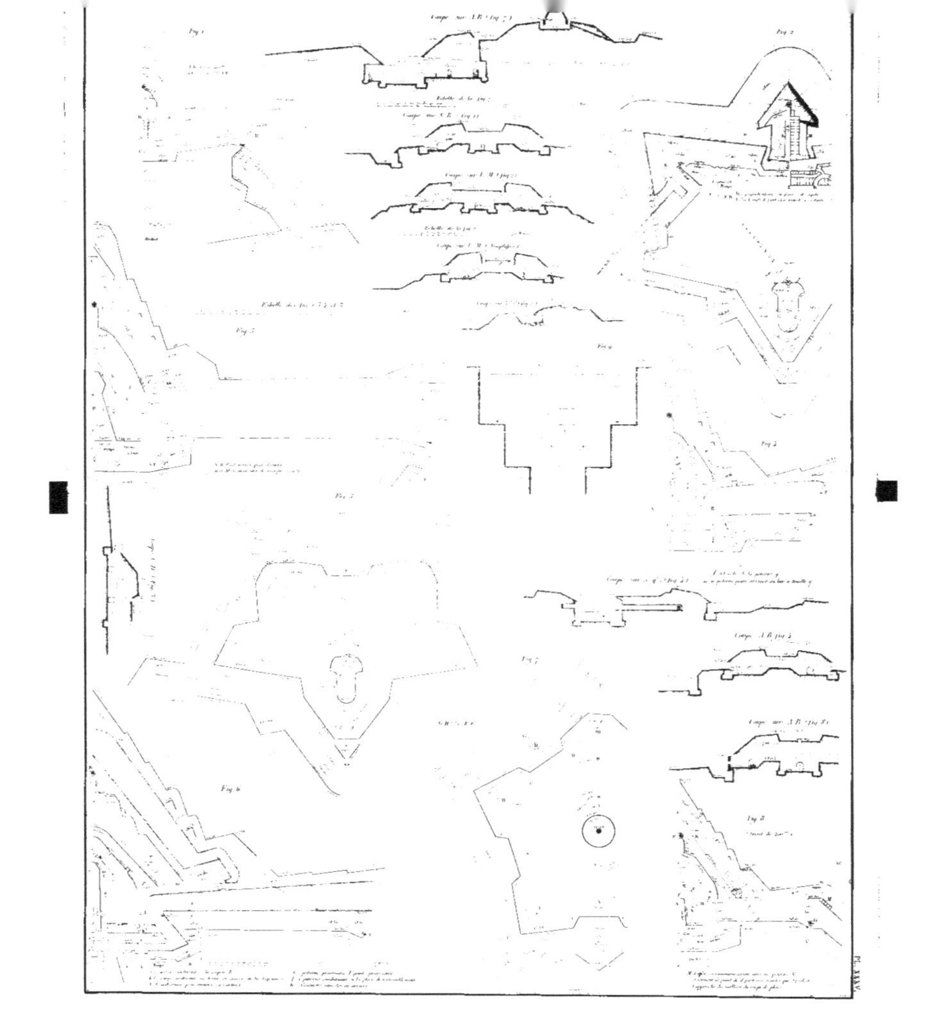

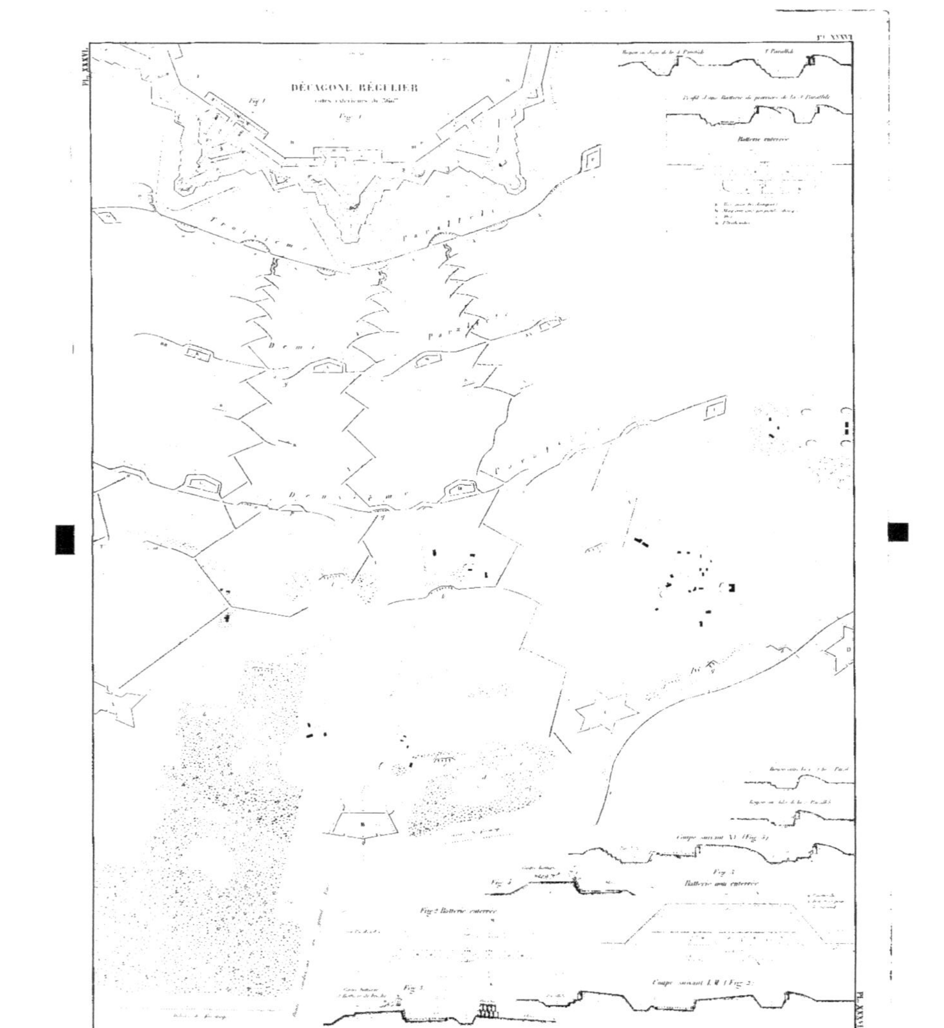
PL. XXXVI.
DÉCAGONE RÉGULIER
Fig. 1
Fig. 3
Fig. 2 Batterie enterrée
Batterie demi enterrée
Batterie enterrée
Coupe suivant XY (Fig 3)
Coupe suivant I, II (Fig 2)

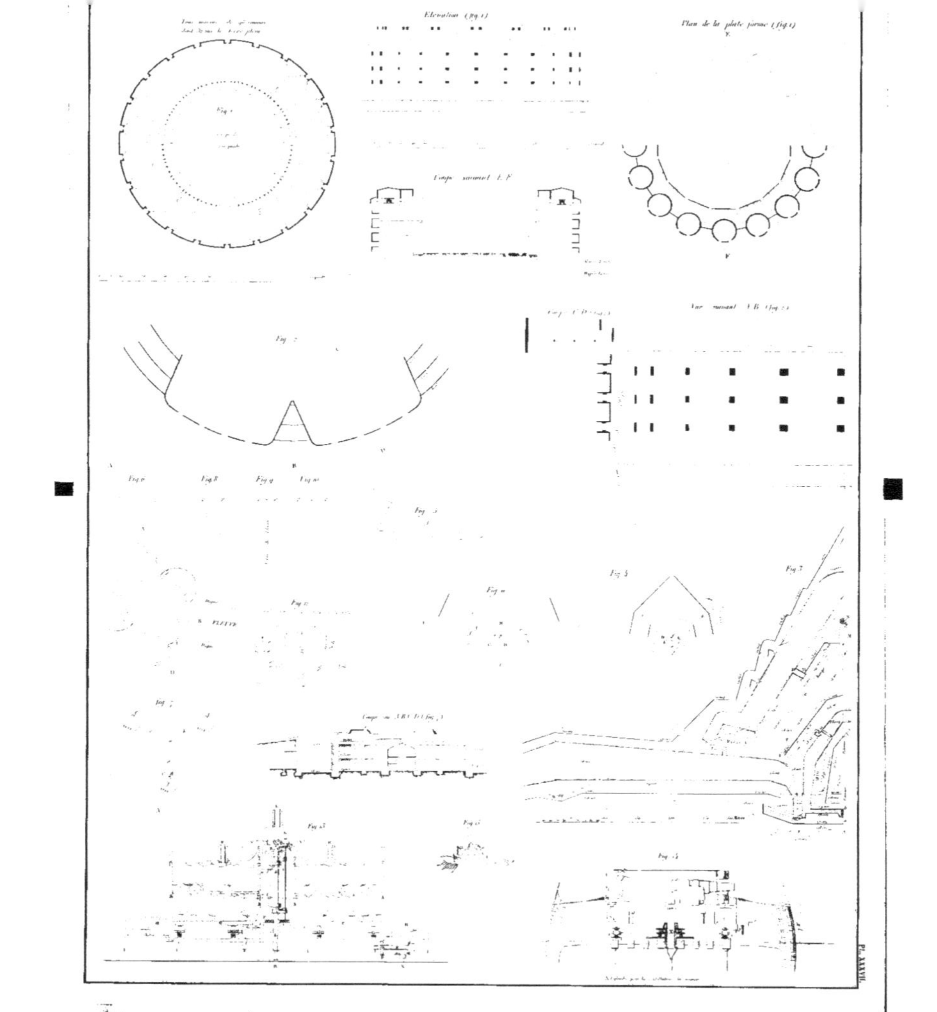

Elévation (fig. 1)
Plan de la plate-forme (fig. 1)
Coupe suivant E.F.
Vue suivant A.B. (fig. 2)
Coupe suivant A.B.C.D. (fig. 3)
Pl. XXXVII.

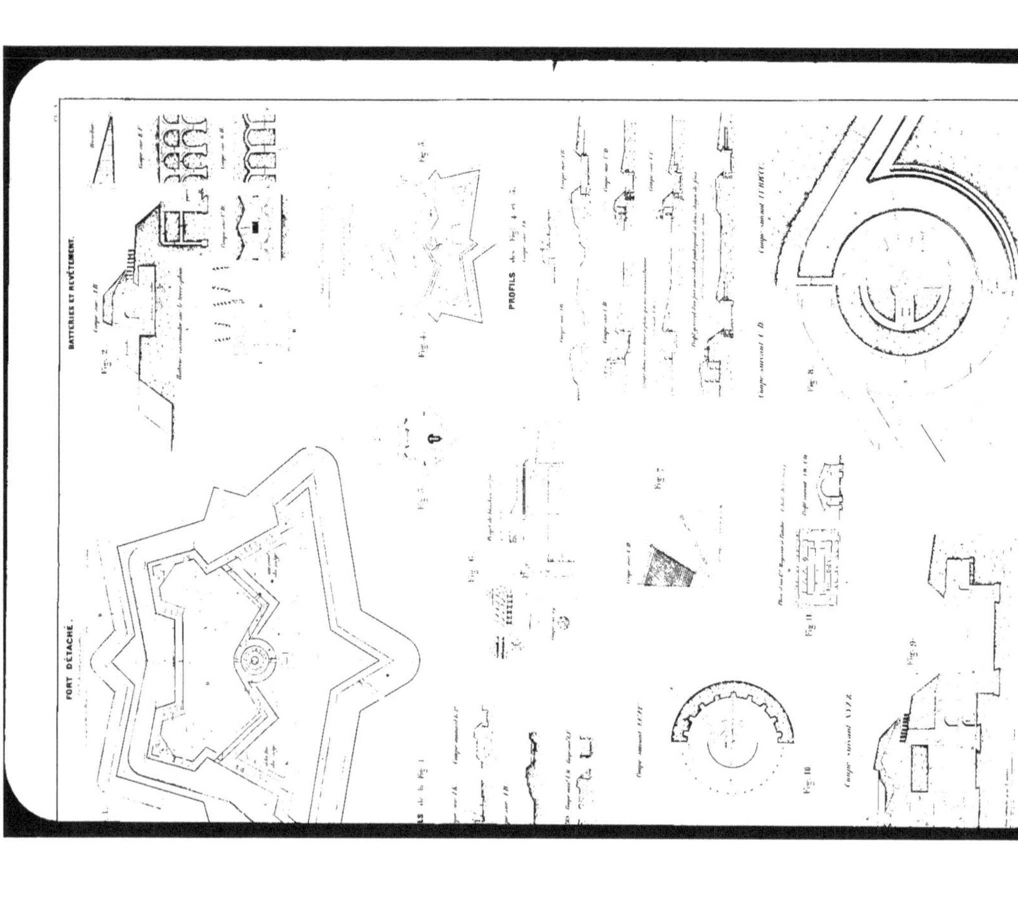

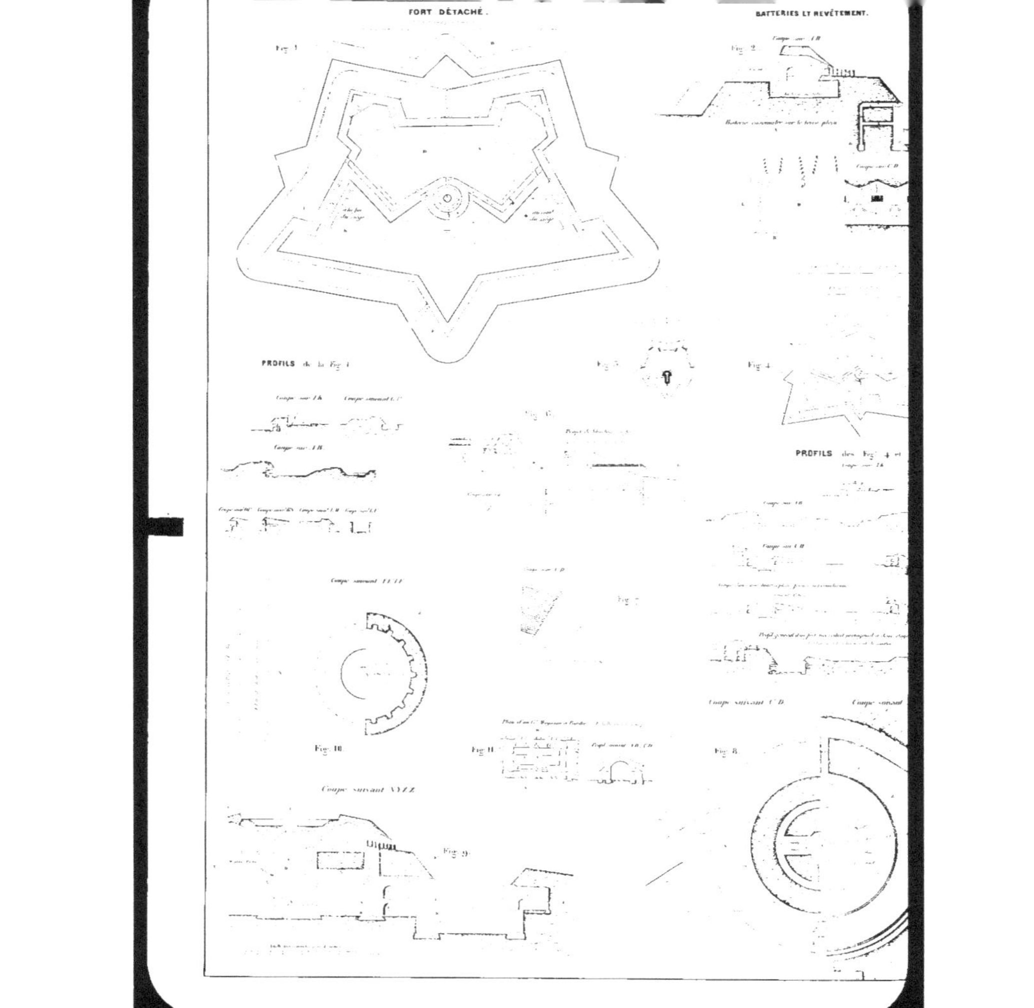

FORT DÉTACHÉ.
BATTERIES ET REVÊTEMENT.
Fig. 1
Fig. 2
PROFILS de la Fig. 1
PROFILS des Fig. 4 et
Fig. 4
Fig. 10
Fig. 11
Fig. 8
Fig. 9
Coupe suivant XYZZ

www.ingramcontent.com/pod-product-compliance
Ingram Content Group UK Ltd.
Pitfield, Milton Keynes, MK11 3LW, UK
UKHW031744170726
13836UKWH00002B/877